张戌社　宁辰校　编

汽车
QICHE
YEYA QIDONG JISHU JICHU
液压气动技术基础

化学工业出版社

·北京·

本书介绍了汽车液压气动技术的基础理论、基本知识以及与之相关的典型应用，主要内容包括汽车液压流体力学基础、液压元件、液压基本回路、典型汽车液压传动系统、气压传动及其在汽车上的应用、汽车液力传动及典型应用等。本书追求系统性、基础性、先进性和实用性的统一，贯彻通俗易懂、理论联系实际的原则。在较全面地阐述汽车液压与气动技术的基本内容和基础知识的基础上，力求反映我国汽车液压与气动技术发展的最新情况。在全书结构上，内容完整，循序渐进。

本书可作为汽车行业专业技术人员的参考用书，也可作为中、高职学校汽车及交通运输类专业液压与气压传动课程的教材，还可作为相关企业培训资料。

图书在版编目（CIP）数据

汽车液压气动技术基础/张戌社，宁辰校编．—北京：化学工业出版社，2020.5

ISBN 978-7-122-36343-5

Ⅰ.①汽⋯ Ⅱ.①张⋯②宁⋯ Ⅲ.①汽车-液压传动②汽车-气压传动 Ⅳ.①U463.2

中国版本图书馆 CIP 数据核字（2020）第 034375 号

责任编辑：黄　滢	文字编辑：冯国庆
责任校对：刘曦阳	装帧设计：刘丽华

出版发行：化学工业出版社（北京市东城区青年湖南街 13 号　邮政编码 100011）
印　　刷：北京京华铭诚工贸有限公司
装　　订：三河市振勇印装有限公司
787mm×1092mm　1/16　印张 12　字数 277 千字　2020 年 5 月北京第 1 版第 1 次印刷

购书咨询：010-64518888　　　　　　　　售后服务：010-64518899
网　　址：http://www.cip.com.cn
凡购买本书，如有缺损质量问题，本社销售中心负责调换。

定　　价：69.00 元　　　　　　　　　　　　　　　　　版权所有　违者必究

前言

自第一辆汽车问世,至今已有100多年的时间,现代汽车正向着安全、环保、经济、舒适、智能的方向飞速发展。汽车产业和汽车技术的进步,特别是液压与气动技术广泛应用于汽车领域,使得现代汽车成为机、电、液、计算机及信息技术一体化的高科技产物,汽车技术已成为现代科学技术和物质文明的发展标志之一。

汽车工业的繁荣,使汽车及其相关产业的人才需求量大幅度增长。从未来发展趋势看,打造自主品牌、开发核心技术是我国汽车工业的必然选择。近年来,液压与气压传动作为一种重要的传动和控制技术,与电子和计算机技术相结合,在汽车上的应用日益广泛,这就给汽车从业人员提出了更高的要求。

能够系统学习液压气动的基础知识,了解液压气动技术在汽车的传动、行驶、转向、制动及车身悬挂等几大系统的典型应用,掌握典型汽车液压、气动系统,对于全面提高汽车从业人员业务水平以及加速汽车工业向高水平发展具有重要意义。

本书共分10章。第1章为液压气动技术概述,第2~6章介绍了液压传动基础知识和液压元件,第7章介绍了液压基本回路,第8章介绍了汽车液力传动,第9章介绍了汽车典型液压系统分析,第10章介绍了气压传动。

本书在编写过程中,追求系统性、基础性、先进性和实用性的统一,贯彻通俗易懂、理论联系实际的原则。在较全面地阐述汽车液压与气动技术的基本内容和基础知识的基础上,力求反映我国汽车液压与气动技术发展的最新情况。在全书结构上,内容完整、循序渐进。在液压与气动的基础知识部分,重点介绍了基本理论和基本概念;在元件部分,强调对各类元件的组成、类型和基本工作原理的理解及掌握。

本书可作为汽车行业专业技术人员的参考用书,也可作为中、高职学校汽车及交通运输类专业液压与气压传动课程的教材,还可作为相关企业培训资料。

本书由张戌社、宁辰校编写。由于笔者水平所限,书中疏漏之处在所难免,恳请广大读者批评指正。

编者

目录

第 1 章 液压气动技术概述

1.1 液压传动的工作原理、组成和特点 … 1
1.1.1 液压传动的工作原理 … 1
1.1.2 液压传动系统的组成 … 2
1.1.3 液压传动的特点 … 4

1.2 气压传动的工作原理、组成及特点 … 4
1.2.1 气压传动的工作原理 … 4
1.2.2 气动系统的组成 … 6
1.2.3 气动系统的特点 … 6

1.3 液压与气动技术在汽车上的应用及发展趋势 … 7
1.3.1 液压与气动技术在汽车上的应用 … 7
1.3.2 汽车液压气动技术的发展趋势 … 7

第 2 章 液压传动基础知识

2.1 液压油 … 8
2.1.1 液压油的物理特性 … 8
2.1.2 对液压油的要求及选用 … 10

2.2 液体静力学 … 11
2.2.1 液体静压力及其特性 … 12
2.2.2 静压力基本方程及其物理意义 … 12
2.2.3 压力的表示方法 … 13
2.2.4 液体静压力的传递 … 14
2.2.5 液体静压力对固体壁面的作用力 … 15

2.3 液体动力学 … 16
2.3.1 基本概念 … 16
2.3.2 连续性方程 … 18

- 2.3.3 伯努利方程 ………………………………………………………………… 18
- 2.3.4 动量方程 …………………………………………………………………… 20

2.4 管道内压力损失的计算 ……………………………………………………… 20

- 2.4.1 等径直圆管中的沿程压力损失 …………………………………………… 21
- 2.4.2 局部压力损失 ……………………………………………………………… 22
- 2.4.3 管路系统中的总压力损失 ………………………………………………… 22

2.5 孔口及缝隙液流特性 …………………………………………………………… 23

- 2.5.1 孔口压力流量特性 ………………………………………………………… 23
- 2.5.2 缝隙压力流量特性 ………………………………………………………… 24

2.6 液压冲击及气穴现象 …………………………………………………………… 27

- 2.6.1 液压冲击 …………………………………………………………………… 27
- 2.6.2 气穴现象 …………………………………………………………………… 28

第 3 章 液压泵

3.1 液压泵的工作原理、类型及图形符号 ………………………………………… 29

- 3.1.1 液压泵的工作原理 ………………………………………………………… 29
- 3.1.2 液压泵的类型及图形符号 ………………………………………………… 30

3.2 液压泵的主要性能参数 ………………………………………………………… 30

- 3.2.1 压力 ………………………………………………………………………… 30
- 3.2.2 排量和流量 ………………………………………………………………… 31
- 3.2.3 功率和效率 ………………………………………………………………… 31

3.3 齿轮泵 …………………………………………………………………………… 33

- 3.3.1 外啮合齿轮泵 ……………………………………………………………… 33
- 3.3.2 外啮合齿轮泵的结构特点和应用 ………………………………………… 35
- 3.3.3 内啮合齿轮泵 ……………………………………………………………… 36

3.4 叶片泵 …………………………………………………………………………… 38

- 3.4.1 单作用叶片泵 ……………………………………………………………… 38
- 3.4.2 限压式变量叶片泵 ………………………………………………………… 39
- 3.4.3 双作用叶片泵 ……………………………………………………………… 41

3.5 柱塞泵 ………………………………………………………………… 42

3.5.1 轴向柱塞泵 …………………………………………………… 43
3.5.2 径向柱塞泵 …………………………………………………… 44

3.6 各类液压泵的性能比较及选择 ………………………………………… 45

第4章 液压马达和液压缸

4.1 液压马达 ………………………………………………………………… 47

4.1.1 液压马达的工作原理 ………………………………………… 47
4.1.2 液压马达的类型及图形符号 ………………………………… 48
4.1.3 液压马达的主要性能参数 …………………………………… 48

4.2 摆动液压马达 …………………………………………………………… 50

4.3 液压缸 …………………………………………………………………… 51

4.3.1 液压缸类型及工作参数 ……………………………………… 51
4.3.2 液压缸的组成 ………………………………………………… 56
4.3.3 液压缸的选型与设计要点 …………………………………… 59

第5章 液压控制阀

5.1 液压阀概述 ……………………………………………………………… 61

5.1.1 液压阀的基本原理及结构 …………………………………… 61
5.1.2 液压阀的分类 ………………………………………………… 61
5.1.3 液压阀的基本性能参数 ……………………………………… 62
5.1.4 对液压阀的基本要求 ………………………………………… 62

5.2 方向控制阀 ……………………………………………………………… 62

5.2.1 单向阀 ………………………………………………………… 63
5.2.2 换向阀 ………………………………………………………… 64

5.3 压力控制阀 … 68

- 5.3.1 溢流阀 … 68
- 5.3.2 减压阀 … 71
- 5.3.3 顺序阀 … 72
- 5.3.4 压力继电器 … 74

5.4 流量控制阀 … 75

- 5.4.1 普通节流阀 … 75
- 5.4.2 调速阀 … 76

5.5 其他液压阀 … 78

- 5.5.1 插装阀 … 78
- 5.5.2 叠加阀 … 78
- 5.5.3 电液控制阀 … 79

第 6 章　液压辅件

6.1 过滤器 … 83

- 6.1.1 过滤器的功用和类型 … 83
- 6.1.2 过滤器的选用和安装 … 84

6.2 蓄能器 … 86

- 6.2.1 蓄能器的功用和类型 … 86
- 6.2.2 蓄能器的使用和安装 … 88

6.3 油箱及热交换器 … 88

- 6.3.1 油箱 … 88
- 6.3.2 热交换器 … 90

6.4 管件及压力表辅件 … 91

- 6.4.1 油管 … 91
- 6.4.2 管接头 … 92
- 6.4.3 压力表辅件 … 93

6.5 密封装置 94
6.5.1 密封装置的功用及要求 94
6.5.2 密封装置的类型和特点 94

第7章 液压基本回路

7.1 速度控制回路 98
7.1.1 调速回路 98
7.1.2 快速运动回路 104
7.1.3 速度换接回路 106

7.2 压力控制回路 108
7.2.1 调压回路 108
7.2.2 卸荷回路 109
7.2.3 减压回路 111
7.2.4 增压回路 111
7.2.5 平衡回路 112
7.2.6 保压回路 113

7.3 方向控制回路 114
7.3.1 换向回路 114
7.3.2 制动回路 114
7.3.3 锁紧回路 115

7.4 多缸动作控制回路 116
7.4.1 顺序动作回路 116
7.4.2 同步回路 117

第8章 汽车液力传动

8.1 液力传动基础 120
8.1.1 液力传动的工作原理 120
8.1.2 液力耦合器 121
8.1.3 液力变矩器 122
8.1.4 汽车液力传动的特点 123

8.2 汽车自动变速器 …… 124

8.2.1 自动变速器分类、组成和工作原理 …… 124
8.2.2 自动变速器的液压控制系统 …… 125
8.2.3 主要元件的结构和工作原理 …… 127

第 9 章 汽车典型液压系统分析

9.1 自卸汽车液压系统 …… 137

9.1.1 自卸汽车液压系统的组成及原理 …… 137
9.1.2 自卸汽车液压系统工作过程 …… 138

9.2 压缩式垃圾运输车液压系统 …… 139

9.2.1 压缩式垃圾车液压系统的工作原理 …… 139
9.2.2 压缩式垃圾车液压系统的特点 …… 140

9.3 汽车起重机液压系统 …… 141

9.3.1 主机功能 …… 141
9.3.2 液压系统的工作原理 …… 141
9.3.3 液压系统的特点 …… 143

9.4 液压挖掘机液压系统 …… 143

9.4.1 概述 …… 143
9.4.2 工作原理 …… 144
9.4.3 技术特点 …… 146

9.5 汽车 ABS 液压制动系统 …… 146

9.6 汽车液压动力转向系统 …… 150

9.6.1 液压动力转向系统概述及分类 …… 150
9.6.2 液压动力转向系统的组成和工作原理 …… 150

9.7 污泥自卸车液压系统 …… 152

9.7.1 液压系统的功能 …… 152
9.7.2 液压系统的组成及工作原理 …… 153
9.7.3 液压系统的特点 …… 153

9.8 路面清扫车液压系统 …… 154

9.8.1 清扫工作装置液压动力系统 …… 154
9.8.2 倾卸机构液压系统 …… 155

第 10 章 气压传动

10.1 气源装置及辅助元件 …… 156

10.1.1 气源装置 …… 156
10.1.2 其他辅助元件 …… 159

10.2 气动执行元件 …… 161

10.2.1 气缸 …… 161
10.2.2 气马达 …… 164
10.2.3 摆动气马达 …… 165

10.3 气动控制元件 …… 166

10.3.1 方向控制阀 …… 166
10.3.2 压力控制阀 …… 168
10.3.3 流量控制阀 …… 170

10.4 气动基本回路 …… 171

10.4.1 方向控制回路 …… 171
10.4.2 速度控制回路 …… 172
10.4.3 压力控制回路 …… 173
10.4.4 多缸动作回路 …… 175

10.5 汽车气压传动的应用 …… 177

10.5.1 公共汽车车门气动安全操纵系统 …… 177
10.5.2 汽车气压制动系统 …… 177
10.5.3 汽车气压制动防抱死系统 …… 178
10.5.4 汽车主动空气动力悬架系统 …… 179

参考文献 …… 182

第1章 液压气动技术概述

一部完整的机器一般由原动机、传动机构及工作机组成。原动机包括电动机、内燃机等。工作机即完成该机器的工作任务的直接工作部分，如磨床的工作台，车床的刀架、卡盘等。由于原动机的功率和转速变化范围有限，为了适应工作机的工作力和工作速度变化范围较宽，以及其他操纵性能的要求，在原动机和工作机之间设置了传动机构，其作用是把原动机输出功率经过变换后传递给工作机。在汽车上，传动是指能量（或动力）由发动机向工作装置的传递，把发动机曲轴的旋转运动变为工作装置的各种不同形式的运动，如车轮的转动、转向轮的转向、车厢的举升与下降等。由此可知，所谓传动就是通过机构或构件把动力从机器的一部分传到另一部分。

传动可分为机械传动、电气传动和流体传动三种形式。流体传动是以流体为工作介质进行能量转换、传递和控制的传动。它包括液压传动、液力传动和气压传动。液压与气压传动是以有压液体或气体为工作介质，通过动力元件（泵或空气压缩机）把原动机输出的机械能转换为液体或气体的压力能，然后借助管道和控制元件（各种控制阀）把有压液体或气体输送到执行元件（缸或马达），从而把压力能转换为机械能，驱动负载实现直线或回转运动。液压传动与气压传动是靠工作介质的压力能传递动力，而液力传动是通过液体的动能来传递动力。

在汽车工业中，流体传动被广泛采用。本书主要介绍汽车液压与气动技术，在部分章节有针对性地对液力传动进行简要介绍。

1.1 液压传动的工作原理、组成和特点

1.1.1 液压传动的工作原理

液压千斤顶是机械行业中常用的工具，下面以它为例简述液压传动的工作原理。

如图1-1所示为液压千斤顶的工作原理。液压千斤顶有两个液压缸1和6，当向上抬起杠杆时，小液压缸1活塞向上运动，其下腔容积增大形成局部真空，排油单向阀2关闭，油箱4中的油液在大气压作用下经吸油管顶开吸油单向阀3进入小液压缸1下腔，完成一次吸油动作。当向下压杠杆时，小液压缸1活塞下移，其下腔容积减小，油液受挤压而压力升高，从而关闭吸油单向阀3，顶开排油单向阀2，油液经排油管进入大液压缸6

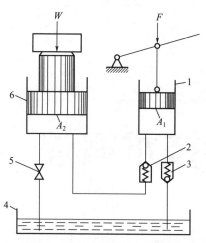

图 1-1 液压千斤顶的工作原理

1—小液压缸；2—排油单向阀；3—吸油单向阀；4—油箱；5—截止阀；6—大液压缸

的下腔，推动大活塞上移顶起重物。如此不断上下扳动杠杆就可以使重物不断升起，达到起重的目的。如杠杆停止动作，大液压缸 6 下腔油液压力将使排油单向阀 2 关闭，大液压缸 6 活塞连同重物一起被自锁不动，停止在举升位置。如打开截止阀 5，大液压缸 6 下腔通油箱，其活塞将在自重作用下向下移，回复到原始位置。

由液压千斤顶的工作过程可知，小液压缸 1 与单向阀 2、3 一起完成吸油与排油，将杠杆的机械能转换为油液的压力能输出。大液压缸 6 将油液的压力能转换为机械能输出，抬起重物。液压传动装置本质上是一种能量转换装置。液压千斤顶的元件 1~6 组成了最简单的液压传动系统，实现了力和运动的传递。

从液压千斤顶的工作过程可以归纳出液压传动的工作原理如下。

① 液压传动是以液体（液压油）作为传递运动和动力的工作介质进行工作的。

② 液压传动经过两次能量转换，先把机械能转换为便于输送的液体压力能，然后把液体压力能转换为机械能对外做功。

③ 液压传动是依靠密封容积（或密封系统）内容积的变化来传递能量的。

工程机械的起重机、推土机、装载机以及机床行业的液压滑台、液压夹具等都是采用液压传动的基本工作原理传递运动和动力的。

1.1.2　液压传动系统的组成

以自卸汽车车厢举倾机构为例，说明液压传动系统的组成。如图 1-2 所示，液压缸 7 的活塞杆与汽车车厢铰接。当液压泵 3 运转，换向阀 6 中的阀芯处于图中所示位置时，车厢举倾机构不工作，即液压泵输出的压力油经单向阀 4、换向阀 6 中的 a 油道及回油管返回油箱。由于液压缸 7 的活塞上、下腔均与油箱连通，此时，液压缸处于不工作状态。

在外力作用下，驱动换向阀 6 的阀芯右移，换向阀的 a 油道与液压泵供油路关闭。从液压泵输出的压力油经换向阀的 b 油道进入液压缸活塞下腔，推动液压缸活塞上移，通过活塞杆实现车厢的举升。

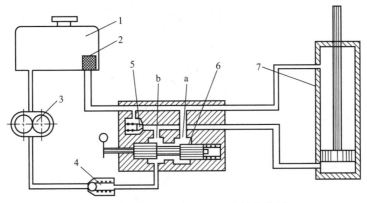

图 1-2　车厢举倾机构液压系统结构简图

1—油箱；2—过滤器；3—液压泵；4—单向阀；5—溢流阀；6—换向阀；7—液压缸；a,b—油道

为了防止液压系统过载，在液压缸 7 的进油路上装有溢流阀 5。当系统压力超过溢流阀的调定值时，溢流阀开启，一部分压力油通过溢流阀返回油箱，系统压力则不再升高。

当外力去除后，换向阀 6 的阀芯在右侧弹簧力的作用下返回到初始位置。此时，液压缸活塞下腔通过换向阀与回油路连通。液压缸活塞下腔油液返回油箱，车厢在自重作用下下降。

从上面的例子可以看出，液压传动系统主要由以下四部分组成。

(1) 动力元件

用于把原动机输入的机械能转换成液压能，供给液压系统压力油。最常见的形式是液压泵，如图 1-1 中的小液压缸 1 和图 1-2 中的液压泵 3。

(2) 执行元件

将流体的压力能转换成机械能输出的装置。它可以是做直线运动的液压缸，也可以是做回转运动的液压马达、摆动缸，如图 1-1 中的大液压缸 6 和图 1-2 中的液压缸 7。

(3) 控制元件

对系统中流体的压力、流量及流动方向进行控制和调节的装置，以及进行信号转换、逻辑运算和放大等功能的信号控制元件，如图 1-2 中的单向阀 4、溢流阀 5 和换向阀 6。

(4) 辅助元件

保证系统正常工作所需的其他所有元件，如图 1-2 中的油箱 1、过滤器 2 和管件。

图 1-2 中的各个元件是用半结构式图形画出来的，直观性强、易理解，但难于绘制，元件多时更是如此。在实际工作中，液压与气压传动系统图采用国标 GB/T 786.1—2009 所规定的液压气动系统及元件图形符号来绘制，如图 1-3 所示。

图形符号只表示液压、气动元件的职能、连接系统的通路，不表示元件的具体结构和参数，也不表示元件在机器中的实际安装位置，简单明了、绘制方便、图面简明清晰，并且便于利用计算机图形库软件，可大大提高液压、气动系统原理图的设计、绘制效率和质量。

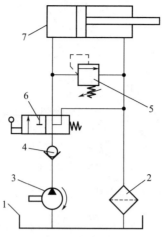

图 1-3 车厢举倾机构液压系统

1—油箱；2—过滤器；3—液压泵；4—单向阀；5—溢流阀；6—换向阀；7—液压缸

1.1.3 液压传动的特点

与机械传动和电气传动相比，液压传动具有以下优点。

① 液压元件的布置不受严格的空间位置限制，系统中各部分用管道连接，布局安装有很大的灵活性，能构成用其他方法难以组成的复杂系统。

② 可以在运行过程中实现大范围的无级调速，调速比例可达 2000∶1。

③ 液压传动和液气联动传递运动均匀平稳，易于实现快速启动、制动和频繁的换向。

④ 操作控制方便、省力，易于实现自动控制、中远程距离控制以及过载保护。与电气控制、电子控制相结合，易于实现自动工作循环和自动过载保护。

⑤ 液压元件属于机械工业基础件，标准化、系列化和通用化程度较高，有利于缩短机器的设计、制造周期和降低制造成本。

此外，液压传动突出的优点还有单位质量输出功率大。在同等输出功率下具有体积小、重量轻、运动惯性小、动态性能好的特点。

液压传动的缺点如下。

① 在传动过程中，能量需经两次转换，传动效率偏低。

② 由于传动介质的可压缩性和泄漏等因素的影响，不能严格保证定比传动。

③ 液压传动性能对温度比较敏感，不能在高温下工作，采用石油基液压油作为传动介质时还需注意防火问题。

④ 液压元件制造精度高，系统在工作过程中发生故障时不易诊断。

1.2 气压传动的工作原理、组成及特点

1.2.1 气压传动的工作原理

气压传动的工作过程是利用空气压缩机把电动机或其他原动机输出的机械能转换为空气的压力能，然后在控制元件的作用下，通过执行元件把压力能转换为直线运动或回转运

动形式的机械能,从而完成各种动作,并对外做功。

下面通过一个典型气压传动系统来了解气动系统如何进行能量与信号传递,如何实现自动控制。

如图1-4所示为气动剪切机的气压传动系统,图示位置为剪切前的情况。空气压缩机1产生的压缩空气经后冷却器2、分水排水器3、储气罐4、分水滤气器5、减压阀6、油雾器7到达气控换向阀9,部分气体经节流通路进入气控换向阀9的下腔,使上腔弹簧压缩,气控换向阀9的阀芯位于上端;大部分压缩空气经气控换向阀9后进入气缸10的上腔,而气缸的下腔经换向阀与大气相通,故气缸活塞处于最下端位置。当上料装置把工料11送入剪切机并到达规定位置时,工料压下行程阀8,此时气控换向阀9的阀芯下腔压缩空气经行程阀8排入大气,在弹簧的推动下,气控换向阀9的阀芯向下运动至下端;压缩空气则经气控换向阀9后进入气缸的下腔,上腔经气控换向阀9与大气相通,气缸活塞向上运动,带动剪刀上行剪断工料。工料剪下后,即与行程阀8脱开。行程阀8的阀芯在弹簧作用下复位,出路堵死。气控换向阀9的阀芯上移,气缸活塞向下运动,又恢复到剪断前的状态。

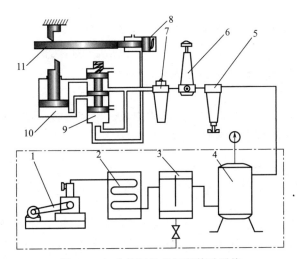

图1-4 气动剪切机的气压传动系统

1—空气压缩机;2—后冷却器;3—分水排水器;4—储气罐;5—分水滤气器;
6—减压阀;7—油雾器;8—行程阀;9—气控换向阀;10—气缸;11—工料

如图1-5所示为用图形符号绘制的剪切机气动系统。

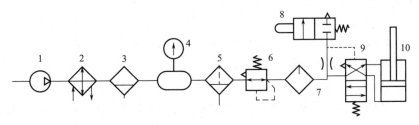

图1-5 用图形符号绘制的剪切机气动系统

1—空气压缩机;2—后冷却器;3—分水排水器;4—储气罐;5—分水滤气器;
6—减压阀;7—油雾器;8—行程阀;9—气控换向阀;10—气缸

气压传动的基本工作特征：系统的工作压力取决于负载；执行装置的运动速度只取决于输入流量的大小，而与外负载无关。

1.2.2 气动系统的组成

与液压传动系统一样，根据气动元件和装置的不同功能，可将气压传动系统分成以下四个组成部分。

(1) 气源装置

气源装置是获得压缩空气的能源装置，其主体部分是空气压缩机，另外还有气源净化设备。空气压缩机将原动机供给的机械能转化为空气的压力能；而气源净化设备用以降低压缩空气的温度，除去压缩空气中的水分、油分以及污染杂质等。

(2) 执行元件

执行元件是以压缩空气为工作介质，并将压缩空气的压力能转变为机械能的能量转换装置，包括做直线往复运动的气缸、做连续回转运动的气马达和做不连续回转运动的摆动马达等。

(3) 控制元件

控制元件又称操纵、运算、检测元件，是用来控制压缩空气流的压力、流量和流动方向等以便使执行机构完成预定运动规律的元件，包括各种压力阀、方向阀、流量阀、逻辑元件、射流元件、行程阀、转换器和传感器等。

(4) 辅助元件

辅助元件是使压缩空气净化、润滑、消声以及元件间连接所需要的一些装置，包括分水滤气器、油雾器、消声器以及各种管路附件等。

1.2.3 气动系统的特点

(1) 优点

① 空气随处可取，取之不尽，节省了购买、贮存、运输介质的费用和麻烦；用后的空气直接排入大气，对环境无污染；处理方便，不必设置回收管路，因而也不存在介质变质、补充和更换等问题。

② 因空气黏度小，所以在管内流动阻力小，压力损失小，便于集中供气和远距离输送。即使有泄漏，也不会像液压油一样污染环境。

③ 与液压传动相比，气动反应快，动作迅速，维护简单，管路不易堵塞。

④ 气动元件结构简单，制造容易，适于标准化、系列化、通用化。

⑤ 气动系统对工作环境适应性好，特别在易燃、易爆、多尘埃、强磁、辐射、振动等恶劣工作环境中工作时，安全可靠性优于液压、电子和电气系统。

⑥ 空气具有可压缩性，使气动系统能够实现过载自动保护，也便于储气罐贮存能量，以备急需。

⑦ 排气时气体因膨胀而温度降低，因而气动设备可以自动降温，长期运行也不会发生过热现象。

(2) 缺点

① 空气具有可压缩性，当载荷变化时，气动系统的动作稳定性差，但可以采用气液

联动装置解决此问题。

② 工作压力较低，又因结构尺寸不宜过大，因而输出功率较小。

③ 气信号传递的速度比光信号、电子信号速度慢，故不宜用于要求高传递速度的复杂回路中。但对一般机械设备，气动信号的传递速度是能够满足要求的。

④ 排气噪声大，需加消声器。

气压传动与液压传动的显著区别：气动系统的工作介质来自大气，工作完毕气体一般排向大气而不回收；工作压力较液压系统低；空气的压缩性远大于液压油的压缩性，故气动系统的工作速度稳定性、动作响应能力较液压系统差。

1.3 液压与气动技术在汽车上的应用及发展趋势

1.3.1 液压与气动技术在汽车上的应用

液压与气动技术独特的优点使其在机械制造、交通运输、能源冶金、工程机械、军事装备等行业得到广泛应用，已经成为现代机械工程和控制技术的重要组成部分。液压与气动技术在汽车工业中也有着广泛的应用。例如，在专用车方面有汽车起重机、压缩式垃圾车、路面清扫车、自卸式汽车、水泥搅拌运输车、平板车、高空作业车等，又如液压减振器、液压制动系统、动力转向系统、燃油系统、汽车悬架控制系统等，液压与气动技术已经融入汽车工业的方方面面。

可以说液压与气动技术的应用，极大地促进了汽车技术和汽车工业的高速发展，使得现代汽车成为机、电、液、气及计算机一体化的高新技术产物，汽车技术已成为现代科学技术和物质文明的发展标志。因此，加强针对汽车的液压与气动技术的学习与研究，对于科学合理地设计、制造、使用、维护以及维修汽车具有重要意义。

1.3.2 汽车液压气动技术的发展趋势

自 20 世纪初第一辆汽车问世以来，至今经历了 100 多年的时间，汽车的结构已发生很大变化。目前随着我国民用汽车的大量发展和汽车高新技术在中、低档车中的大量使用，液压与气动技术在汽车上的应用将会越来越广泛。其发展趋势是，在控制方面，与微电子技术和计算机技术结合，成为控制系统执行单元，向着精密、复杂、耐用、灵敏、高可靠性方向发展；在传动方面，适合大、中型汽车传动要求，工作更加可靠，操纵更加方便、舒适，且性能稳定，无泄漏；在燃料、润滑传输方面，向着供给精确、稳定、可靠、无泄漏、无污染的方向发展；在元件加工制造方面，向着精度高、组合性强、工作灵敏、安全可靠、寿命长的方向发展。

第 2 章 液压传动基础知识

2.1 液压油

液压油是液压系统中传递能量的工作介质，其作用体现在七个方面：传递能量和信号；冷却；防锈；润滑液压元件、减少摩擦和磨损；密封；清洁；减振。

液压系统能否有效可靠地工作，在一定程度上取决于液压油的性能。液压油对液压系统的作用就像血液对人体一样重要。所以正确掌握液压油的各种物理性质，合理选择、使用、维护、保管液压油是关系到液压设备工作的可靠性、耐久性和工作性能好坏的关键问题，也是减少液压设备故障的有力措施。

2.1.1 液压油的物理特性

液压油的物理特性主要有密度、可压缩性、黏性以及稳定性、相容性、防锈性、润滑性、抗泡沫性等。

(1) 密度

单位体积内包含的液体质量称为密度，用 ρ 表示。

$$\rho = \frac{m}{V} \tag{2-1}$$

式中，m 和 V 分别为液体的质量及体积。

液体密度会受温度和压力变化的影响，当温度升高时液体密度略有减小，压力增加时液体密度略有增大。在工程应用中可认为液体密度不随温度和压力的变化而变化。一般矿物油的密度为 $850 \sim 950 \mathrm{kg/m^3}$。

(2) 可压缩性

液体受压力作用而发生体积减小的性质称为液体的可压缩性。体积为 V 的液体，当压力增大 Δp 时，体积减小 ΔV，则液体在单位压力变化下的体积相对变化量为

$$\kappa = -\frac{1}{\Delta p} \times \frac{\Delta V}{V} \tag{2-2}$$

式中，κ 为液体的压缩系数。

由于压力增大时液体的体积减小，因此式(2-2)的右边须加一个负号，以使 κ 为正值。

κ 的倒数称为液体的体积模量，以 K 表示。

$$K = \frac{1}{\kappa} = -\frac{\Delta p}{\Delta V}V \qquad (2-3)$$

在常温下，纯净油液的体积模量 $K=(1.4\sim2)\times10^9\text{Pa}$，数值很大，故一般可认为油液是不可压缩的。

(3) 黏性

液体在外力作用下流动（或有流动趋势时）时，由于液体分子间的内聚力而产生一种阻碍液体分子之间进行相对运动的内摩擦力，这种性质称为液体的黏性。

如图 2-1 所示的液体黏性平板试验，两平板之间充满液体，设上平板以速度 u_0 向右运动，下平板固定不动。紧贴于上平板上的液体黏附于上平板上，其速度为 u_0，与上平板相同。紧贴于下平板上的液体黏附于下平板上，其速度为 0。中间各层液体的速度按线性分布，可以把这种流动看成是许多无限薄的流体层在运动，相邻两层间因黏性产生的内摩擦力对上层液体起阻滞作用，而对下层起拖曳作用。实验结果表明，流体层间的内摩擦力 F 与流体层的接触面积 A 及流体层的相对流速 $\mathrm{d}u$ 成正比，而与此两流体层间的距离 $\mathrm{d}y$ 成反比，即

$$F = \eta A \frac{\mathrm{d}u}{\mathrm{d}y} \qquad (2-4)$$

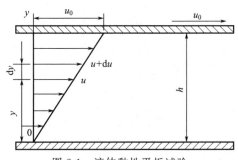

图 2-1 液体黏性平板试验

以 τ 表示液层间单位面积上的内摩擦力，即摩擦应力，由式(2-4) 得

$$\tau = \frac{F}{A} = \eta \frac{\mathrm{d}u}{\mathrm{d}y} \qquad (2-5)$$

式中，η 为衡量流体黏性的比例系数，称为动力黏度；$\mathrm{d}u/\mathrm{d}y$ 表示流体层间速度差异的程度，称为速度梯度。

液体黏性的大小可用黏度来衡量，黏度是选择液压用流体的主要指标，是影响流动流体的重要物理性质。常用的黏度有三种，分别为动力黏度、运动黏度和相对黏度。

① 动力黏度 η。动力黏度又称绝对黏度，其物理意义为单位速度梯度下单位面积上的内摩擦力的大小，即

$$\eta = \frac{F}{A\dfrac{\mathrm{d}u}{\mathrm{d}y}} \qquad (2-6)$$

动力黏度的国际计量单位为 $\text{Pa}\cdot\text{s}$ 或 $\text{N}\cdot\text{s}/\text{m}^2$。

② 运动黏度 ν。运动黏度是绝对黏度 η 与液体密度 ρ 的比值，即

$$\nu = \frac{\eta}{\rho} \tag{2-7}$$

运动黏度的国际计量单位为 m^2/s。

运动黏度 ν 没有明确的物理意义,只是由于在理论分析和计算中常常遇到绝对黏度与密度的比值,为方便起见采用运动黏度这个单位来代替 η/ρ。

机械油的牌号就是表明以"mm^2/s"为单位,在温度40℃时运动黏度 ν 的平均值。如 L-HL32 液压油是指该油在40℃时其运动黏度 ν 的平均值是 $32mm^2/s$。

③ 相对黏度。动力黏度和运动黏度是理论分析及计算中经常使用的黏度单位。它们都难以直接测量,因此,工程上采用另一种可用仪器直接测量的黏度单位,即相对黏度。

相对黏度是以相对于蒸馏水的黏性的大小来表示该液体的黏性的。相对黏度又称条件黏度。各国采用的相对黏度单位有所不同,如我国、俄罗斯和德国等采用恩氏黏度(°E),英国采用雷氏黏度(R),美国采用国际赛氏秒(SSU)。

恩氏黏度的测定方法如下:测定 $200cm^3$ 某一温度的被测液体在自重作用下流过直径 2.8mm 小孔所需的时间 t_1,然后测出同体积的蒸馏水在20℃时流过同一孔所需时间 t_2 ($t_2=50\sim52s$),t_1 与 t_2 的比值即为流体的恩氏黏度值。恩氏黏度用符号°E 表示。被测液体温度为 t(℃) 时的恩氏黏度用符号°E_t 表示。

$$°E_t = \frac{t_1}{t_2} \tag{2-8}$$

工业上一般以20℃、50℃和100℃作为测定恩氏黏度的标准温度,并相应地以符号 °E_{20}、°E_{50} 和 °E_{100} 来表示。

恩氏黏度和运动黏度可用式(2-9)进行换算

$$\nu = (7.31°E - \frac{6.31}{°E}) \times 10^{-6} (m^2/s) \tag{2-9}$$

一般情况下,压力对黏度的影响比较小,当压力低于5MPa时,黏度值的变化很小,当液体所受的压力加大时,分子之间的距离缩小,内聚力增大,其黏度也随之增大,但数值增大很小,可忽略不计。液压油黏度对温度的变化十分敏感,当温度升高时,其分子之间的内聚力减小,黏度降低,液体流动性增加。

(4) 其他性质

液压工作介质还有抗燃性、抗氧化性、抗凝性、抗泡沫性、抗乳化性、防锈性、润滑性、导热性、稳定性以及相容性(主要指对密封材料、软管等不侵蚀、不溶胀的性质)等其他一些物理化学性质,这些性质对液压系统的工作性能有重要影响,不同的液压系统对工作介质的性质要求不同。

2.1.2 对液压油的要求及选用

(1) 对液压油性能的要求

不同的工作机械、不同的使用情况对液压油的性能要求有很大的差别。汽车使用环境的复杂性和负荷变化的多样性,要求所使用的液压油具备以下的性能。

① 适宜的黏度和良好的黏温性能,一般液压系统所用的液压油其黏度范围为 $\nu=11.5\times$

$10^{-6} \sim 35.3 \times 10^{-6} \mathrm{m}^2/\mathrm{s}$（$2°E_{50} \sim 5°E_{50}$）。

② 润滑性能好。

③ 良好的化学稳定性，即对热、氧化、水解、剪切都具有良好的稳定性。

④ 对金属材料具有防锈性和防腐蚀性，对金属和密封件有良好的相容性。

⑤ 比热容、热导率大，体积热胀系数小，流动点和凝固点低，闪点和燃点高。

⑥ 抗泡沫性好，抗乳化性好。

⑦ 油液纯净，含杂质量少。

(2) 液压油的选用

正确而合理地选用液压油液，对液压系统适应各种工作环境和工作状况的能力、延长系统和元件的寿命、提高汽车的可靠性、防止事故的发生都有重要的影响。

在汽车上选用液压油时，可根据液压元件生产厂样本和说明书所推荐的品种号数来选用液压油，或者根据液压系统的工作压力、工作温度、工作部件的运动速度及经济性等因素全面考虑，一般是先确定适用的黏度范围，再选择合适的液压油品种。同时还要考虑液压系统工作条件的特殊要求，如在寒冷地区则要求油的黏度低、低温流动性好、凝固点低；伺服系统则要求油质纯、压缩性小；高压系统则要求油液抗磨性好。在选用液压油时，黏度是一个重要的参数。黏度的高低将影响运动部件的润滑、缝隙的泄漏以及流动时的压力损失、系统的发热温升等。所以，在环境温度较高、工作压力高或运动速度较低时，为减少泄漏，应选用黏度较高的液压油，否则相反。

当液压油的某些性能指标不能满足系统的较高要求时，可在油中加入各种改进其性能的添加剂——抗氧化、抗泡沫、抗磨损、防锈以及改进黏温特性的添加剂，使之满足使用要求。

如汽车自动变速器所用的液压油，其工作温度一般为 50~80℃，工作压力一般为 0.5~1MPa。在其所使用的液压油中往往添加抗氧化剂、抗磨剂等。

合理使用液压油要注意以下几点。

① 换油前要清洗液压系统。液压系统首次使用液压油前，必须彻底清洗干净，在更换同一品种液压油时，也要用新换的液压油冲洗 1~2 次。

② 液压油不能随意混用。如已确定选用某一牌号液压油则必须单独使用。未经液压设备生产制造厂家同意和没有科学根据时，不得随意与不同黏度牌号液压油，或是同一黏度牌号但不是同一厂家的液压油混用，更不得与其他类别的油混用。

③ 注意液压系统的密封。使用液压油的液压系统必须保持严格的密封，防止泄漏和外界各种污染物混入。

④ 根据换油指标及时更换液压油。对液压设备中的液压油应定期取样检验，一旦油中的理化指标达到换油指标后就要换油。

2.2 液体静力学

液体静力学研究液体处于相对平衡状态下，即静止液体的力学规律及其应用。所谓相对平衡是指液体内部各质点间没有相对运动，至于液体本身完全可以和容器一起做各种刚体运动。液体在相对平衡状态下不呈现黏性，不存在切应力，只有法向的压应力，即静压力。本节主要讨论液体静压力特性、分布、传递规律以及液体对固体壁面的作用力。

2.2.1 液体静压力及其特性

液体单位面积上所受的法向力称为压力。这一定义在物理学中称为压强,但在液压传动中习惯称为压力,通常以 p 表示。

静压力是指静止液体单位面积上所受的法向力,即

$$p = \frac{F}{A} \tag{2-10}$$

式中,p 为液体的静压力,简称压力,Pa;F 为作用在液体上的法向力,N;A 为液体承受法向力的面积,m^2。

液体静压力具有下述两个重要特征。

① 液体压力垂直于作用面,其方向与该面的内法线方向一致。

② 静止液体中,任何一点所受到的各方向的静压力都相等。

2.2.2 静压力基本方程及其物理意义

(1) 静压力基本方程

静止液体内部受力情况可用图 2-2 来说明。为了求得深度为 h 的 A 点 [图 2-2(a)] 的压力,可取 dAh 这个液柱为分离体,如图 2-2(b) 所示,设其面积为 ΔA,高为 h,体积为 $\Delta A h$,则液柱的重力为 $\rho g h \Delta A$,并作用在液柱的重心上。液柱处于平衡状态,则液柱在竖直方向上受力平衡。

$$p \Delta A = p_0 \Delta A + \rho g h \Delta A \tag{2-11a}$$

式(2-11a) 两端同除以 ΔA,则得到液体静压力基本方程。

$$p = p_0 + \rho g h \tag{2-11b}$$

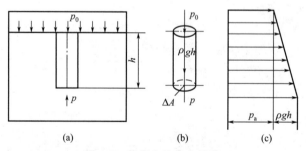

图 2-2 静压力的分布规律

分析式(2-11b) 可以得到以下结论。

① 静止液体中任一点的压力均由两部分组成,即液面上的表面压力 p_0 和该点以上液体自重形成的对该点的压力 $\rho g h$。当液面上只受到大气压力作用时,液体内深度为 h 的点的压力为

$$p = p_a + \rho g h \tag{2-12}$$

② 静止液体内的压力随液体深度呈线性规律递增 [图 2-2(c)]。

③ 同一液体中深度相同的各点压力相等;压力相等的所有点组成的面为等压面,显

然，在重力作用下静止液体的等压面为水平面，与大气接触的液体自由表面也是等压面；两种密度不同且不相掺混的静止液体的分界面也是等压面。

（2）静压力基本方程的物理意义

对静止液体，如液面与基准水平面的距离为 h_0，液面压力为 p_0；液体内任意一点的压力为 p，与基准水平面的距离为 h，则由式(2-11b)容易得到静压力基本方程的另一种形式。

$$z+\frac{p}{\rho g}=z_0+\frac{p_0}{\rho g}=常数 \tag{2-13}$$

式中，z 表示 A 点单位质量液体的位置势能（比位能），称为位置水头；$p/(\rho g)$ 表示单位质量液体的压力能（比压能），称为压力水头，比位能与比压能之和称为总比能，也称为总水头。所以，式(2-13)的物理意义为，静止液体中一切点相对于选定的基准面，总比能为一个常数，比位能和比压能可以互相转换，但其总和保持不变，即能量守恒。

式(2-11b)与式(2-13)均称为静压力基本方程，两者的实质相同，不同之处在于液体高度，前者是以相对坐标表示，后者则以绝对坐标表示。

2.2.3 压力的表示方法

根据压力度量起点的不同，液体压力有绝对压力和相对压力之分。以绝对真空为基准所测得的压力，为绝对压力。以大气压为基准度量，超过大气压的那部分压力叫作相对压力或表压力。当绝对压力低于大气压时，绝对压力低于大气压的那部分压力值，称为真空度，此时相对压力值为负值。

绝对压力、相对压力（表压力）和真空度的关系如图 2-3 所示。

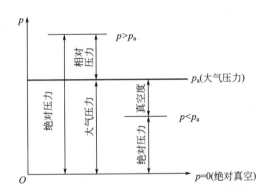

图 2-3 绝对压力、相对压力（表压力）和真空度的关系

压力的法定计量单位是 Pa（帕斯卡，简称帕，$1Pa=1N/m^2$）。工程上常用 MPa（兆帕）表示，$1MPa=10^6 Pa$。

【例 2-1】 如图 2-4 所示为一个充满油液的容器，活塞上的作用力 $F=1000N$，活塞面积 $A=1\times10^{-3}m^2$，忽略活塞的质量。试计算活塞下方深度 $h=0.5m$ 处的压力 p。油液的密度 $\rho=900kg/m^3$。

解：活塞与液体接触面上的压力为

$$p_0=\frac{F}{A}=\frac{1000N}{1\times10^{-3}m^2}=10^6 N/m^2$$

根据静压力基本方程，深度为 h 处的液体压力为

$$p = p_0 + \rho g h = 10^6 + 900 \times 9.8 \times 0.5 = 1.0044 \times 10^6 \text{N/m}^2 \approx 10^6 \text{N/m}^2 = 1\text{MPa}$$

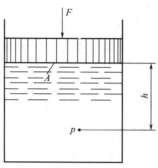

图 2-4 液体压力计算

从本例可以看出，液体在受外界压力作用的情况下，由液体自重所形成的那部分压力 $\rho g h$ 相对甚小，在液压系统中常可忽略不计，因而可近似认为整个液体内部的压力是相等的。我们在分析液压系统的压力时，一般都采用这种结论。

2.2.4 液体静压力的传递

液压系统中静压力的传递服从帕斯卡原理，即密封容器内施加于静止液体任一点的压力将以等值传递到液体各点。

根据帕斯卡原理和静压力的特性，液压传动不仅可以进行力的传递，而且能将力放大和改变力的方向。如图 2-5 所示是应用帕斯卡原理推导压力与负载关系的实例。图中作为输出装置的垂直液压缸（面积为 A_2，作用在活塞上的负载为 F_2）和作为输入装置的水平液压缸（面积为 A_1，作用在活塞上的负载为 F_1），由连通管相连构成密闭容积系统。根据帕斯卡原理，密闭容积内压力处处相等，$p_1 = p_2$，即

$$p_2 = \frac{F_2}{A_2} = \frac{F_1}{A_1} = p_1$$

或

$$F_2 = F_1 \frac{A_2}{A_1}$$

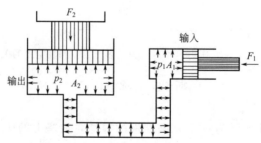

图 2-5 应用帕斯卡原理推导压力与负载关系的实例

可以看出，只要 $A_1/A_2 > 1$，用一个很小的输入力 F_1 就可推动一个比较大的负载 F_2。所以液压系统可视为一个力的放大机构，液压千斤顶和水压机就是按此原理设计的。

如果负载 $F_2 = 0$，则当略去活塞重量及其他阻力时，无论怎样推动水平液压缸的活塞

也不能在液体中形成压力,这说明液压系统中的压力是由外界负载决定的;反之,只有外界负载 F_2 的作用,没有小活塞的输入力 F_1,液体中也不会产生压力。因而,液压系统中的压力是在所谓"前阻后推"的条件下产生的。

2.2.5 液体静压力对固体壁面的作用力

静止液体和固体壁面相接触时,固体壁面上各点在某一方向上所受静压作用力的总和,便是液体在该方向上作用于固体壁面上的力。在液压传动计算中重力可以忽略,静压力处处相等,所以可认为作用于固体壁面上的压力是均匀分布的。

当固体壁面为一个平面时,平面上各点的静压力大小相等,其作用方向与该平面垂直,即

$$F = pA \tag{2-14}$$

式中,F 为作用于固体壁面上的力,N;p 为液体的静压力,Pa;A 为承压面的面积,m²。

如图 2-6 所示,压力油作用在直径为 D 的柱塞上,则有 $F = pA = p\pi D^2/4$。

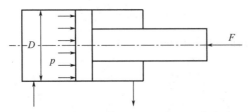

图 2-6 液体对固体壁面(平面)的作用力

【**例 2-2**】 在如图 2-7 所示的液压制动装置中,总泵的直径 $d = 25.4$mm,分泵的直径 $D = 32$mm。现根据制动要求分泵活塞推杆作用在制动蹄上的制动力 $F_2 = 3159$N,踏板的传动比 $L_1/L_2 = 5.5$,试求驾驶员需踏在踏板上的力 F_0。

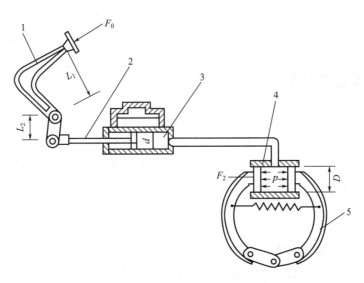

图 2-7 液压制动示意
1—踏板;2—推杆;3—总泵;4—分泵;5—制动器

解：制动蹄上的制动力 $F_2 = 3159\text{N}$ 时，分泵的压力为

$$p = \frac{F_2}{S_2} = \frac{4F_2}{\pi D^2}$$

压力 p 传递到总泵作用于活塞，使推杆得到力 F_1 为

$$F_1 = ps_1 = \frac{4F_2}{\pi D^2} \times \frac{\pi}{4} d^2 = \left(\frac{d}{D}\right)^2 F_2$$

又因为，$F_0 L_1 = F_1 L_2$，所以

$$F_0 = \frac{L_2}{L_1} F_1 = \frac{L_2}{L_1} \left(\frac{d}{D}\right)^2 F_2 = \frac{1}{5.5} \times \left(\frac{0.0254}{0.032}\right)^2 \times 3159 = 362(\text{N})$$

当承受压力的表面为曲面时，由于压力总是垂直于承受压力的表面，所以作用在曲面上各点的力不平行但相等。作用在曲面上的液压力在某一方向上的分力等于静压力与曲面在该方向投影面积的乘积。

如图 2-8 所示为球面和锥面所受液压力分析。要计算出球面和锥面在垂直方向受力 F，只要先计算出曲面在垂直方向的投影面积 A，然后再与压力 p 相乘，即

$$F = pA = \frac{p\pi d^2}{4} \tag{2-15}$$

式中，d 为承压部分曲面投影圆的直径。

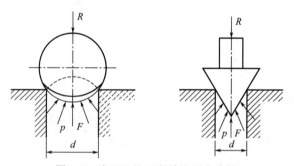

图 2-8 球面和锥面所受液压力分析

2.3 液体动力学

本节主要讨论三个基本方程式，即液流的连续性方程、伯努利方程和动量方程，它们分别是刚体力学中的质量守恒、质量守恒及动量守恒原理在流体力学中的具体应用。前两个方程描述了压力、流速与流量之间的关系，以及液体能量相互间的变换关系，后者描述了流动液体与固体壁面之间作用力的情况。

2.3.1 基本概念

(1) 理想液体与定常流动

液体具有黏性和压缩性，并在流动时表现出来，因为黏性问题非常复杂，因此，引入理想液体的概念，理想液体就是指没有黏性、不可压缩的液体。首先对理想液体进行研究，建立流体整体平均参数间的基本规律，再通过实验验证的方法对所得的结论进行补充

和修正，以得到实际液体流动的基本规律。这样，不仅使问题简单化，而且得到的结论在实际应用中仍具有足够的精确性。我们把既具有黏性又可压缩的液体称为实际液体。

液体流动时，可以将流动空间（流场）任一点上质点的运动参数，例如压力 p、流速 u 及密度 ρ 表示为空间坐标和时间的函数，如在直角坐标下 $p=p(x,y,z,t)$，$u=u(x,y,z,t)$，$\rho=\rho(x,y,z,t)$。如果流场中任意一点的运动参数只随空间点坐标的变化而变化，不随时间 t 变化，这样的流动称为定常流动（或恒定流动）。但只要有一个运动参数随时间而变化，则就是非定常流动或非恒定流动。

（2）流线、流束和通流截面

流线是某瞬时流场中液体质点组成的一条光滑空间曲线，如图 2-9(a) 所示。在该线上各点的速度方向与曲线在该点的切线方向重合，并指向液体流动的方向。在非定常流动时，因为各质点的速度可能随时间改变，所以流线形状也随时间改变。在定常流动时，流线形状不随时间而改变。由于任一瞬间液体质点只有一个速度方向，所以流线不能相交也不能折转。

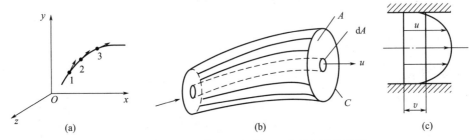

图 2-9 流线、流管、通流截面、流量和平均流量

1~3—流线上任选的点

某一瞬时 t 在流场中画一条封闭曲线，经过曲线的每一点作流线，由这些流线组成的表面称为流管，如图 2-9(b) 所示。充满在流管内的流线的总体，称为流束。封闭曲线的面积 $A \rightarrow 0$，即面积为 dA 的流束称为微小流束。

垂直于流束的截面称为通流截面。通流截面可能是平面，也可能是曲面。由于微小流束的通流截面很小，可以认为其通流截面上各点的运动参数，如压力 p、流速 u、密度 ρ 等相同。

（3）流量和平均流速

单位时间内流过通流截面的流体的体积称为流量，用 q 表示，流量的单位为 m^3/s。

对微小流束，通过 dA 上的流量为 dq，$dq=udA$，如果已知通流截面上的流速 u 的变化规律，则流过该通流截面的流量为

$$q = \int_A u \, dA \tag{2-16}$$

在实际液体流动中，由于黏性摩擦力的作用，通流截面上各点的流速 u 是不等的，如图 2-9(c) 所示，因此引入平均流速的概念，即认为通流截面上各点的流速均为平均流速，用 v 表示。

$$v = \frac{q}{A} = \frac{\int_A u \, dA}{A} \tag{2-17}$$

在工程计算中，平均流速才具有应用价值。若未加声明，v 一般指平均流速。

（4）流动状态和雷诺判据

19世纪，英国物理学家雷诺通过大量试验发现，液体在管道中流动时存在层流和紊流两种流动状态。层流时，液体质点没有横向脉动，不引起液体质点混杂，沿管轴呈线状或层状流动；紊流时，流体质点还具有横向运动，引起流层间质点相互错杂交换，流动呈混杂紊乱状态。液体的这两种流态，可用雷诺数来判别。

实验证明，液体在圆管中的流动状态不仅与管内的平均流速 v 有关，还和管径的水力直径 d_H、液体的运动黏度 ν 有关。这三个参数组成的一个称为雷诺数 Re 的无量纲纯数。

$$Re = \frac{v d_H}{\nu} \tag{2-18}$$

式中，$d_H = 4A/x$，A 为液体通流截面面积，x 为通流截面的湿周长度，即与液体相接触的固体壁面的周长。

在管道几何形状相似的情况下，如果雷诺数相同，液体流动状态也相同。流动状态由紊流转变为层流的雷诺数称为临界雷诺数，记为 Re_c。当 $Re < Re_c$ 时，液流为层流；当 $Re > Re_c$ 时，液流为紊流。常见液流管道的临界雷诺数由实验确定，光滑圆管的临界雷诺数 Re_c 为2320，橡胶软管的临界雷诺数 Re_c 为1600。

2.3.2 连续性方程

连续性方程是质量守恒定律在流体力学中的一种表达形式。

如图2-10所示，非等截面管中液体做定常流动时，根据质量守恒定律，流过两任意截面的液体质量流量相等，即

$$\rho_1 v_1 A_1 = \rho_2 v_2 A_2 \tag{2-19}$$

式中，ρ_1、ρ_2、v_1、v_2、A_1、A_2 分别为两截面的液体密度、平均流速和面积。

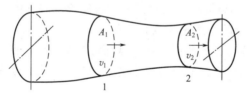

图2-10 管中液体连续流动

1,2—管中顺液流方向任选的两个通流截面

式（2-19）即是可压缩液体定常流动时的连续性方程。如果不考虑液体的可压缩性，有 $\rho_1 = \rho_2$，则不可压缩液体定常流动的连续性方程为

$$v_1 A_1 = v_2 A_2 \tag{2-20}$$

或写为 $q = vA = $ 常数。

式（2-20）表明不可压缩液体定常流动时，流管内任一通流截面上的流量相等；当流量一定时，流速与通流截面面积成反比。

2.3.3 伯努利方程

伯努利方程是能量守恒定律在流体力学中的一种表达形式。

(1) 理想液体的伯努利方程

理想液体没有黏性，在管道内做定常流动时没有能量损失。根据能量守恒定律，同一管道每一截面上的总能量都是相等的。

对于静止液体，由式(2-13)可知，单位质量液体的总能量为单位质量液体的位能 z（比位能）与压力能 $p/(\rho g)$（比压能）之和；对于流动液体，除以上两种能量外，还有单位质量的动能 $v^2/(2g)$（比动能）。

在图 2-11 所示的管道中取两个通流截面 A_1 和 A_2，它们距基准水平面的距离分别为 z_1 和 z_2。如两截面的平均流速分别为 v_1 和 v_2，压力分别为 p_1 和 p_2，根据能量守恒定律即可得到理想液体的伯努利方程。

$$z_1 + \frac{p_1}{\rho g} + \frac{v_1^2}{2g} = z_2 + \frac{p_2}{\rho g} + \frac{v_2^2}{2g} \tag{2-21}$$

或

$$z + \frac{p}{\rho g} + \frac{v^2}{2g} = 常数 \tag{2-22}$$

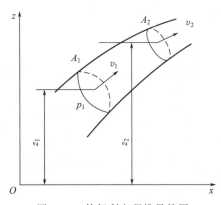

图 2-11 伯努利方程推导简图

理想液体的伯努利方程的物理意义为，在管道内做定常流动的理想液体的总比能（单位质量液体的总能量）由比位能 z、比压能 $\dfrac{p}{\rho g}$ 和比动能 $\dfrac{v^2}{2g}$ 三种形式的能量组成，在任一通流截面上三者之和是一个恒定的常量，但三者可以相互转换，即能量守恒。

(2) 实际液体的伯努利方程

实际液体在管内流动时，因为黏性力使液体与管壁间、液体质点之间产生摩擦而损耗能量；管道形状和尺寸的变化也会对液流产生扰动而使其损耗能量。所以实际液体流动时，液流的总能量或总比能在不断地减少。设单位质量液体在管道两截面之间流动的能量损失为 h_w。另外，用平均流速 v 代替实际流速 u 计算比动能会产生误差，为此，引入动能修正系数 α，它等于单位时间内某截面处的实际动能与按平均流速计算的动能之比，即

$$\alpha = \frac{\dfrac{1}{2}\int_A u^2 \rho u \, dA}{\dfrac{1}{2}\rho v A v^2} = \frac{\int_A u^3 \, dA}{v^3 A} \tag{2-23}$$

动能修正系数 α 的数值与管道中液体的流态有关，液体在圆管中层流时 $\alpha = 2$；紊流

时 $\alpha \approx 1.05$（实际计算常取 $\alpha \approx 1$）。

根据能量守恒定律，在考虑能量损失 h_w 和引入动能修正系数 α 后，实际液体伯努利方程为

$$z_1 + \frac{p_1}{\rho g} + \frac{v_1^2}{2g} = z_2 + \frac{p_2}{\rho g} + \frac{v_2^2}{2g} + h_w \tag{2-24}$$

伯努利方程的适用条件和应用方法如下。

① 管道内稳定流动的不可压缩液体，即密度为常数；液体所受的力只有重力，忽略惯性力的影响。

② 所选择的两个通流截面必须在同一个连续流动的流场中，是渐变流（即流线近于平行线，通流截面近于平面），而不考虑两截面间的流动状况。

③ 计算时，一般将截面几何中心处的 z 和 p 作为计算参数，并选取与大气相通的截面为基准面，以简化计算；两截面的压力表示方法（相对压力或绝对压力）应一致。

2.3.4 动量方程

动量方程是动量定理在流体力学中的具体应用和表达形式，可用来计算液流作用在限制其流动的固体壁面上的力。

如图2-12所示，截面1、2间的液体控制体积的全部外力之和 ΣF 等于单位时间内流出控制表面与流入控制表面的液体动能之差，表示为动量方程如下所示。

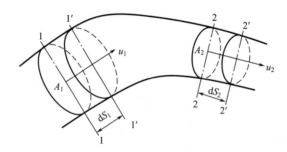

图 2-12 动量方程简图

$$\Sigma F = \frac{d(mv)}{dt} = \rho q (\beta_2 v_2 - \beta_1 v_1) \tag{2-25}$$

式中，q 为流量；β_1、β_2 为动量修正系数，用于修正以平均流速代替实际流速计算动量带来的误差，其值与流态有关，液体在圆管中层流时 $\beta = 4/3$，紊流时 $\beta = 1$，实际计算时可都取 $\beta = 1$。

动量方程是矢量表达式，计算时可根据具体要求，向指定方向投影，求得该方向的分量。根据作用力与反作用力大小相等、方向相反的原理，动量方程可用来计算流动液体对固体壁面的作用力。

2.4 管道内压力损失的计算

实际液体流动的伯努利方程式中的 h_w 项为能量损失，在液体传动中主要表现为压力

损失。液压系统中的压力损失分为两类，一类是油液沿等直径直管流动时所产生的压力损失，称为沿程压力损失。这类压力损失是由液体流动时的内、外摩擦力所引起的。另一类是油液流经局部障碍（如弯头、接头、管道截面突然扩大或收缩）时，由于液流的方向和速度的突然变化，在局部形成漩涡引起油液质点间，以及质点与固体壁面间相互碰撞和剧烈摩擦而产生的压力损失，称为局部压力损失。

压力损失过大也就是液压系统中功率损耗增加，这将导致油液发热加剧，泄漏量增加，效率下降和液压系统性能变差。

2.4.1 等径直圆管中的沿程压力损失

液体在等径直圆管中流动时由黏性摩擦引起的压力损失称为沿程压力损失，它主要取决于管路的长度、内径、液体的流速和黏度等。液体的流态不同，沿程压力损失也不同。液体在圆管中层流流动，在液压传动中最为常见，因此，在设计液压系统时，常希望管道中的液流保持层流流动的状态。

(1) 等径圆管中层流的沿程压力损失

如图 2-13 所示，液体在直径 $d=2R$ 的等径直圆管中进行定常层流运动，在管内取一段与管轴线重合的微小液柱，设其半径为 r，长度为 l。作用在液柱两端面的压力分别为 p_1 和 p_2，圆柱侧面上的摩擦力为 F_f。液压匀速运动时，液柱的力平衡方程式为

$$(p_1-p_2)\pi r^2=F_f \tag{2-26}$$

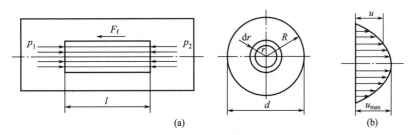

图 2-13　圆管中的层流

由内摩擦定律［式(2-5)］可得 $F_f=2\pi rl\tau=2\pi rl(-\eta du/dr)$（因流速 u 随 r 的增大而减小，故速度梯度 du/dr 为负值）。令 $\Delta p=p_1-p_2$，代入式(2-26)整理后得

$$du=-\frac{\Delta p}{2\eta l}rdr \tag{2-27}$$

对式(2-27)积分，并由边界条件 $u|_{r=R}=0$ 确定积分常数，可得液流在圆管截面上的速度分布表达式。

$$u=\frac{\Delta p}{4\eta l}(R^2-r^2) \tag{2-28}$$

由式(2-28)可知，在通流截面上速度沿半径方向按抛物线规律分布，最大流速在轴线上（$r=0$），其值为

$$u_{max}=\frac{\Delta pR^2}{4\eta l}=\frac{\Delta pd^2}{16\eta l} \tag{2-29}$$

流经等径直圆管的流量为

$$q = \int_A u \, dA = \int_0^R 2\pi r u \, dr = \frac{\pi \Delta p}{2\eta l} \int_0^R (R^2 - r^2) r \, dr = \frac{\pi R^4}{8\eta l} \Delta p = \frac{\pi d^4}{128 \eta l} \Delta p \quad (2\text{-}30)$$

此即著名的哈根-泊肃叶公式，它表明圆管层流流量 q 与管径 d 的 4 次方成正比。引入平均流速 v 得

$$v = \frac{q}{A} = \frac{q}{\frac{\pi d^2}{4}} = \frac{\Delta p d^2}{32 \eta l} = \frac{1}{2} u_{\max} \quad (2\text{-}31)$$

即平均流速是最大流速的一半。变换式（2-31）可得液体流经等径直圆管的沿程压力损失。

$$\Delta p = \frac{32 \eta l v}{d^2} = \frac{64}{Re} \times \frac{l}{d} \times \frac{\rho v^2}{2} = \lambda \frac{l}{d} \times \frac{\rho v^2}{2} \quad (2\text{-}32)$$

式中，$\lambda = 64/Re$，为沿程阻力系数，实际计算中考虑温度变化不均等，对光滑金属圆管取 $\lambda = 75/Re$，对橡胶管取 $\lambda = 80/Re$。

(2) 等径直圆管中紊流的沿程压力损失

液体在等径直圆管中紊流时的沿程压力损失公式与层流时相同，即

$$\Delta p = \lambda \frac{l}{d} \times \frac{\rho v^2}{2}$$

但式中的沿程阻力系数 λ 值与层流时不同，其大小可从相关液压手册的图表中查得。

2.4.2 局部压力损失

局部压力损失是液体流经阀口、弯管、管接头、突然扩大或缩小的通流截面等局部阻力装置时所引起的压力损失。液流通过局部阻力装置时，由于液流方向和速度将发生急剧变化，会在局部形成漩涡，液体质点间相互碰撞，从而产生动能能量损耗。

局部压力损失 Δp_ζ 一般可按式(2-33) 计算。

$$\Delta p_\zeta = \zeta \frac{\rho v^2}{2} \quad (2\text{-}33)$$

式中，ζ 为局部阻力系数，其具体数值可根据局部阻力装置的类型从有关手册查得；ρ 为液体密度，kg/m^3；v 为液体的平均流速，m/s，一般情况下指局部阻力下游处的流速。

液体流经液压系统中各种控制阀的局部压力损失，可按式(2-34) 计算。

$$\Delta p_\zeta = \Delta p_s \left(\frac{q}{q_s} \right)^2 \quad (2\text{-}34)$$

式中，q 为阀的实际流量；q_s 为阀的额定流量；Δp_s 为阀在额定流量 q_s 下的压力损失。

q_s 和 Δp_s 的值可从产品样本或手册中查得。

2.4.3 管路系统中的总压力损失

管路系统的总压力损失等于所有沿程压力损失和所有局部压力损失之和，即

$$\sum \Delta p = \sum \Delta p_\lambda + \sum \Delta p_\zeta = \sum \lambda \frac{l}{d} \times \frac{\rho v^2}{2} + \sum \zeta \frac{\rho v^2}{2} \quad (2\text{-}35)$$

式(2-35)适用于相邻两个局部阻力装置间的距离大于管道内径10~20倍的场合，否则计算出来的压力损失值小于实际数值。其原因是若局部阻力装置距离太近，则液流经第一个局部阻力装置后还没稳定就进入下一个局部阻力装置，这时液流扰动更强烈，阻力系高于正常值2~3倍。

液压系统中的压力损失使功率丧失、油温升高，从而工况恶化。因此在设计液压系统时应采取措施减小压力损失，如采用合适黏度的油液和流速，力求管内壁光滑，尽量减少连接管的长度和局部阻力装置，选用压降小的控制阀等。

2.5 孔口及缝隙液流特性

孔口或缝隙是液压元件中的常见结构，例如节流调速中的节流小孔，液压元件相对运动表面间的各种间隙等。液体流经这些孔口和缝隙的流量压力特性，是研究节流调速性能和计算液压元件泄漏的理论基础。

2.5.1 孔口压力流量特性

孔口可根据孔长 l 与孔径 d 的比值分为三种形式：$l/d \leqslant 0.5$ 时，称为薄壁小孔；$0.5 < l/d \leqslant 4$ 时，称为短孔；$l/d > 4$ 时，称为细长孔。

(1) 薄壁小孔

液体流经薄壁小孔（图2-14）时，液流在小孔上游大约 $d/2$ 处开始加速并从四周流向小孔。由于流线不能突然转折到与管轴线平行，在液体惯性的作用下，外层流线逐渐向管轴方向收缩，逐渐过渡到与管轴线方向平行，从而形成收缩截面 A_c。对于圆孔，约在小孔下游 $d/2$ 处完成收缩。通常把最小收缩面积 A_c 与孔口截面积的比值称为收缩系数 C_c，即 $C_c = A_c/A_0$，式中，A_0 为小孔的通流截面积。

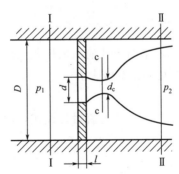

图 2-14 液体在薄壁小孔中的流动

对于图2-14所示的通过薄壁小孔的液流，取截面Ⅰ—Ⅰ和c—c为计算截面，设截面Ⅰ—Ⅰ处的压力和平均速度分别为 p_1、v_1，截面c—c处的压力和平均速度分别为 p_c、v_c。选轴线为参考基准，则 $z_1 = z_c$，列伯努利方程为

$$\frac{p_1}{\rho g} + \frac{v_1^2}{2g} = \frac{p_c}{\rho g} + \frac{v_c^2}{2g} + \sum h_w$$

$A_1 \gg A_0$，故 $v_c \gg v_1$，v_1 可忽略不计。式中的 h_w 部分主要是局部压力损失，由于

c—c 通流截面取在最小收缩截面处，所以，它只有管道突然收缩而引起的压力损失。

$$h_w = \frac{\zeta v_c^2}{2g}$$

令 $\Delta p_c = p_1 - p_c$，可求得液体流经薄壁小孔的平均速度 v_2 为

$$v_2 = \frac{1}{(\alpha_2 + \zeta)}\sqrt{\frac{2\Delta p_c}{\rho}} \tag{2-36}$$

令 $C_v = 1/(\alpha_2 + \zeta)$ 为小孔流速系数，$C_c = A_c/A_0$ 为截面收缩系数，则流经小孔的流量为

$$q = A_c v_2 = C_c C_v A_0 \sqrt{\frac{2\Delta p_c}{\rho}} = C_d A_0 \sqrt{\frac{2\Delta p_c}{\rho}} \tag{2-37}$$

式中，$C_d = C_c C_v$，为流量系数，其值一般由实验确定。

必须指出，当液流通过控制阀口时，要确定收缩断面的位置和测定收缩断面的压力 p_c 是非常困难的，也无此必要。一般总是用阀口两端压差 $\Delta p = p_1 - p_2$ 来代替 $\Delta p_c = p_1 - p_c$，故式(2-37) 可写为

$$q = C_d A_0 \sqrt{\frac{2\Delta p}{\rho}} \tag{2-38}$$

此时，流量系数 C_d 取值为 0.62～0.63。

由式(2-38) 可知，通过薄壁小孔的液流流量与小孔前后的压差的平方根以及孔口面积成正比，而与黏度无关，因而对油温的变化不敏感。因这一优良特性，薄壁小孔常用来作液压元件及系统的节流器使用。

(2) 细长孔

液体流经细长孔时，一般都是层流状态，所以其流量可直接应用前述哈根-泊肃叶公式 [式(2-30)] 来计算，即

$$q = \frac{\pi d^4}{128\eta l}\Delta p \tag{2-39}$$

可知，油液流经细长小孔的流量与小孔前后的压差 Δp 成正比，由于公式中也包含油液的黏度 η，因此流量受油温变化的影响较大。

(3) 短孔

液流流经短孔的流量仍可用薄壁小孔的流量计算式，即

$$q = C_d A_0 \sqrt{\frac{2\Delta p}{2}} \tag{2-40}$$

但其流量系数 C_d 不同，可按相关手册查取。短孔加工比薄壁小孔容易加工，故常用作固定的节流器。

2.5.2 缝隙压力流量特性

液压元件内各零件间有相对运动，必须要有适当缝隙。缝隙过大，会造成泄漏；缝隙过小，会使零件卡死。如图 2-15 所示，泄漏是由压差和缝隙造成的。内泄漏的损失转换为热能，使油温升高，外泄漏污染环境，两者均影响系统的性能与效率，因此，研究液体流经缝隙的泄漏量、压差与缝隙量之间的关系，对提高元件性能及保证系统正常工作是必

要的。

液压元件中常见的缝隙有平行平板缝隙和环形缝隙两种，且缝隙高度（间隙）相对其长度和宽度（或直径）小得多。缝隙中的流动一般为层流。

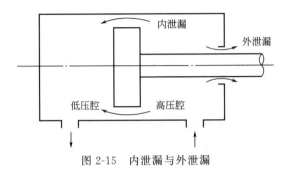

图 2-15 内泄漏与外泄漏

(1) 平行平板缝隙

① 联合流动。液体流经平行平板间隙的一般情况是液体受压差 $\Delta p = p_1 - p_2$ 和两平行平板相对运动（上平板运动，下平板固定，相对速度为 v）的联合剪切作用而在缝隙中做定常流动，故称联合流动。

如图 2-16 所示的平行平板缝隙，长度为 l，宽为 b，缝隙高度为 h，且 l 和 b 都远大于 h，设液体为理想液体，质量力忽略不计。在液体中取一个微元体 $dxdy$（宽度方向取单位长），作用在它与液流相垂直的两个表面上的压力为 p 和 $p+dp$，作用在它与液流相平行的上下两个表面上的切应力为 τ 和 $\tau+d\tau$，其在 x 方向的力平衡方程为

$$p dy + (\tau + d\tau) dx = (p + dp) dy + \tau dx$$

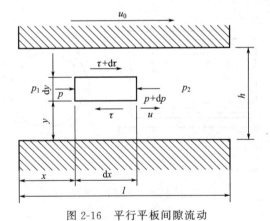

图 2-16 平行平板间隙流动

整理上式并将 $\tau = \eta du/dy$ 代入得

$$\frac{d^2 u}{d^2 y} = \frac{1}{\eta} \times \frac{dp}{dx}$$

再对 y 进行两次积分并利用边界条件 $u|_{y=0} = 0$ 和 $u|_{y=h} = v$ 定出积分常数，同时考虑到层流时 p 是 x 的线性函数，即 $dp/dx = -\Delta p/l$，则可得平行平板缝隙中液流速度分布规律。

$$u = \frac{y(h-y)}{2\eta l}\Delta p + \frac{v}{h}y \tag{2-41}$$

由此可得平行平板缝隙的流量为

$$q = \int_0^h ub\,\mathrm{d}y = \int_0^h \left[\frac{y(h-y)}{2\eta l}\Delta p + \frac{v}{h}y\right]b\,\mathrm{d}y = \frac{bh^3}{12\eta l}\Delta p + \frac{bh}{2}v \tag{2-42}$$

② 压差流动。如果两平板无相对不动，即 $v=0$，液体在缝隙压差 $\Delta p = p_1 - p_2$ 的作用下流动，称为压差流动，其流量公式为

$$q = \frac{bh^3}{12\eta l}\Delta p \tag{2-43}$$

③ 剪切流动。如果两平行平板缝隙两端无压差 Δp，液体只在两平行平板的相对运动（速度为 v）的作用下流动，则称为剪切流动，其流量公式为

$$q = \frac{bh}{2}v \tag{2-44}$$

由式(2-42)可看出，在压差作用下，流经平行平板缝隙的流量与缝隙高度的三次方成正比，如此流量为泄漏量，可见液压元件内零件间缝隙的大小对泄漏量影响非常大。

(2) 圆柱环形缝隙

① 同心环形缝隙。如图 2-17 所示为同心环形缝隙中的液流，长度为 l，当缝隙高度 h 与圆柱体直径 $d=2r$ 之比 $h/d \ll 1$ 时，可以将同心环形缝隙间的流动近似看作平行平板间缝间的流动，即将环形缝隙沿圆周方向展开，并使缝隙宽度 $b = \pi d$ 代入式(2-40)，可得同心环形缝隙的流量公式。

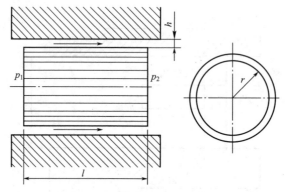

图 2-17 同心环形缝隙中的液流

$$q = \frac{\pi d h^3}{12\eta l}\Delta p \pm \frac{\pi d h}{2}v \tag{2-45}$$

式中，当圆柱体移动方向与压差 Δp 方向相同时，取"+"号；反之取"-"号。如果两柱面无相对运动，$v=0$，则流量为

$$q = \frac{\pi d h^3}{12\eta l}\Delta p \tag{2-46}$$

② 偏心环形缝隙。液压元件中经常出现偏心环形的情况，例如活塞与油缸不同心时就形成偏心环形间隙。如图 2-18 所示，偏心环形间隙的偏心距为 e，设在任一角度 θ 处的缝隙为 h，因缝隙很低小，$r_1 \approx r_2 = r$，可将微小圆弧 $\mathrm{d}b$ 所对应的环形缝隙流动视为平行

平板缝隙流动。将 $b=r\mathrm{d}\theta$ 代入式(2-42)，可得微分流量。

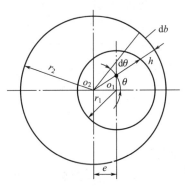

图 2-18 偏心环形间隙中的液流

$$\mathrm{d}q=\frac{r\mathrm{d}\theta h^3}{12\eta l}\Delta p\pm\frac{r\mathrm{d}\theta h}{2}v \tag{2-47}$$

由图 2-18 中几何关系可知，$h\approx h_0-e\cos\theta\approx h_0(1-\varepsilon\cos\theta)$。式中，$h_0$ 为内外圆柱面同心时半径方向的间隙值；ε 为相对偏心率，$\varepsilon=e/h_0$，其最大值 $\varepsilon_{max}=1$。

将 h 值代入式(2-46)并积分可得偏心圆柱环形缝隙的流量公式。

$$q=\frac{\pi d h_0^3}{12\eta l}\Delta p(1+1.5\varepsilon^2)\pm\frac{\pi d h_0}{2}v \tag{2-48}$$

式中，"±"取法同前。若两圆柱面无相对运动，$v=0$，则流量为

$$q=\frac{\pi d h_0^3}{12\eta l}\Delta p(1+1.5\varepsilon^2) \tag{2-49}$$

比较式(2-46)和式(2-49)可知，当偏心距 $e=h_0$（即 $\varepsilon_{max}=1$）时，通过偏心圆柱环形缝隙的流量（不考虑相对运动时）是通过同心环形缝隙的 2.5 倍，因此，在液压元件中为减小缝隙泄漏量，应采取措施尽量使圆柱配合副处于同心状态。

2.6 液压冲击及气穴现象

2.6.1 液压冲击

在液压系统中，由于某种原因，液体压力在一瞬间会突然升高，形成很高的压力峰值，这种现象叫作液压冲击。

液压冲击的出现，会引发管路系统产生振动和噪声。有时使某些液压元件，如压力继电器、顺序阀等产生误动作而影响系统正常工作，甚至可能使某些液压元件、密封装置和管路受到损坏，导致设备事故。

(1) 液压冲击产生的原因

① 当液流通道迅速关闭或液流迅速换向使液流速度的大小或方向发生突然变化时，因液流的惯性引起液压冲击。

② 当高速运动的工作部件突然制动或换向时，因工作部件的惯性引起液压冲击。

③ 某些液压元件动作不灵敏，使系统压力升高引起液压冲击。

(2) 减小和避免液压冲击应采取的措施

① 延长阀门关闭和运动部件制动换向的时间。
② 限制管中油液的流速及运动部件的速度。
③ 用橡胶软管或在冲击源处设置蓄能器，以吸收液压冲击的能量。
④ 在容易出现液压冲击的地方安装限制压力峰值的安全阀。
⑤ 在液压元件中设置缓冲装置。

2.6.2 气穴现象

(1) 气穴现象的产生原因和危害

一般液体中都含有一定量的空气，空气可溶解于液体中或以气泡的形式混合在液体中。空气的溶解量与液体的绝对压力成正比，在一个大气压（101325Pa）下，石油型液压油常温时溶解有6%~12%（体积分数）的空气。在液压系统中，当管道或元件内绝对压力低于所在温度下的空气分离压时，液压油液中的溶解气体会以很高的速度分离出来并形成气泡的现象，这种现象称为气穴现象。气穴现象会破坏液流的连续状态，造成流量和压力的不稳定。

发生气穴现象时，气泡随着液流进入高压区时，体积急剧缩小或溃灭，气泡又凝结成液体，形成局部真空，周围液体质点以极大速度来填补这一空间，使气泡凝结处瞬间局部压力和温度急剧升高，引起强烈振动和噪声，并加速油液的氧化变质。在气泡凝结附近的金属壁面，因反复受到液压冲击与高温作用，以及油液中逸出空气中氧的侵蚀，将产生剥落，或出现海绵状的小洞穴，这种现象称为气蚀。

泵吸入管路连接或密封不严使空气进入管道，回油管高出油面使空气冲入油中而被泵吸入油路以及泵吸油管道阻力过大、流速过高通常是造成气穴的原因。

此外，当油液流经节流部位，流速增高，压力降低，在节流部位前后压力比$p_1/p_2 \geqslant 3.5$时，也会发生节流气穴。

(2) 气穴与气蚀的预防措施

气穴现象引起系统的振动，产生冲击、噪声、气蚀而使工作状态恶化。为防止气穴现象的产生，就要防止液压系统中的压力过度降低（多发生在液压泵吸油口和液压阀的阀口处），具体可采取以下措施。

① 限制液压泵吸油口距油箱油面的安装高度，泵吸油口要有足够的管径，过滤器压力损失要小；必要时可将液压泵浸入油箱的油液中或采用倒灌吸油（泵置于油箱下方），以改善吸油条件。
② 减少阀孔或缝隙前后的压差，一般控制阀孔或缝隙前后的压力比$p_1/p_2 < 3.5$。
③ 提高各元件接合处管道的密封性，防止空气侵入。
④ 提高零件的抗气蚀能力，如采用抗腐蚀能力强的材料，增加零件的机械强度，并减小其表面粗糙度等。

第3章 液压泵

液压泵是液压系统的能源元件,其功用是将原动机的机械能转变为液体的压力能,为液压传动系统提供具有一定压力和流量的液体。

3.1 液压泵的工作原理、类型及图形符号

3.1.1 液压泵的工作原理

液压系统中使用的液压泵都是容积式的。现以单柱塞泵为例来说明容积式液压泵的工作原理,如图3-1所示为单柱塞液压泵的工作原理。凸轮1旋转时,柱塞2在凸轮1和弹簧3的作用下,在缸体的柱塞孔内左、右往复移动,缸体与柱塞之间构成了容积可变的密封工作腔4。柱塞向右移动时,工作腔4的容积变大,产生真空,油液便通过吸油阀5吸入;柱塞2向左移动时,密封工作腔4的容积变小,已吸入的油液便通过压油阀6排到系统中去。在工作过程中,吸油阀5和压油阀6在逻辑上互逆,不会同时开启。由此可见,泵是靠密封工作腔的容积变化进行工作的。

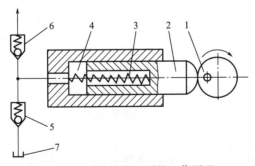

图 3-1 单柱塞液压泵的工作原理

1—凸轮;2—柱塞;3—弹簧;4—密封工作腔;5—吸油阀;6—压油阀;7—油箱

根据工作腔的容积变化而进行吸油和排油是液压泵的共同特点,因而这种泵又称为容积泵。构成容积泵必须具备以下基本条件。

① 结构上具有能实现密封性能的可变工作容积。

② 工作腔能周而复始地增大和减小;当它增大时与吸油口相通,当它减小时与排油

口相通。

③ 具有相应的配油机构，将吸油腔和压油腔隔开，保证泵有规律地吸压液体。配油机构也因液压泵的结构不同而不同，图3-1中，单柱塞液压泵的配油机构为吸油阀5和压油阀6。

④ 为保证正常吸油，油箱必须与大气相通或采用密闭的充气油箱。

从容积式液压泵的工作原理可以看出，在不考虑泄漏的情况下，液压泵在每一工作周期中吸入或排出的油液体积只取决于工作构件的几何尺寸，如柱塞泵的柱塞直径和工作行程。

在不考虑泄漏等影响时，液压泵单位时间排出的油液体积与泵密封容积变化频率成正比，也与泵密封容积的变化量成正比；在不考虑液体的压缩性时，液压泵单位时间排出的液体体积与工作压力无关。

3.1.2 液压泵的类型及图形符号

液压泵的类型有很多，按照结构形式的不同，液压泵有齿轮泵、叶片泵和柱塞泵等类型；按其单位时间内所能输出油液体积是否可调节分为定量泵和变量泵；按其输出油液的方向能否改变，又有单向泵和双向泵之分。

常见液压泵的图形符号如图3-2所示。

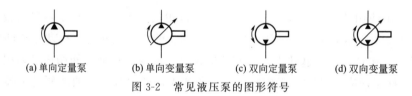

(a) 单向定量泵　　(b) 单向变量泵　　(c) 双向定量泵　　(d) 双向变量泵

图3-2　常见液压泵的图形符号

3.2 液压泵的主要性能参数

3.2.1 压力

(1) 工作压力 p

工作压力是指液压泵实际工作时的出口压力，单位为 Pa 或 MPa。工作压力取决于外负载的大小和排油管路上的压力损失，而与流量无关。

(2) 额定压力 p_n

液压泵在正常工作条件下，按试验标准规定连续运转所允许的最高压力称为液压泵的额定压力，单位为 Pa 或 MPa。额定压力取决于液压泵零部件的结构强度和密封性，超过此值就是过载。

(3) 最高允许压力 p_{max}

在超过额定压力的条件下，根据试验标准规定，允许液压泵短暂运行的最高压力值称为液压泵的最高允许压力。最高允许压力也取决于液压泵零部件的结构强度和密封性。一般最高允许压力为额定压力的1.1倍，超过这个压力液压泵将很快损坏。

3.2.2 排量和流量

(1) 排量 V

在不考虑泄漏的情况下,液压泵主轴每转一转,所排出油液的体积称为排量,其国际标准单位为 m^3/r,常用的单位为 mL/r。排量的大小由密封容积几何尺寸的变化计算而得。

(2) 理论流量 q_t

理论流量是指在不考虑泄漏的情况下,液压泵在单位时间内所排出油液的体积。如果液压泵的排量为 V,其主轴转速为 n,则该液压泵的理论流量 q_t 为

$$q_t = Vn \tag{3-1}$$

(3) 实际流量 q

实际流量是指在具体实际工况下,液压泵在单位时间内所排出油液的体积,单位为 m^3/s。它等于理论流量减去泄漏流量 q_l,即

$$q = q_t - q_l = q_t - k_l p \tag{3-2}$$

式中,k_l 为泵的泄漏系数。

由式(3-2)可知,液压泵的泄漏流量 q_l 随工作压力 p 的增大而增大,所以液压泵的实际流量 q 随工作压力 p 的增大而减小。

(4) 额定流量 q_n

额定流量是指液压泵在额定压力和额定转速下输出的实际流量,单位为 m^3/s。由于泵存在泄漏,所以泵的实际流量 q 和额定流量 q_n 都小于理论流量 q_t。

3.2.3 功率和效率

液压泵是能量转换元件,输入的是机械能,表现为转矩 T 和转速 n;输出的是液体的压力能,表现为液体的压力 p 和流量 q。如果不考虑液压泵在能量转换过程中的能量损失,则输出功率等于输入功率,即理论上输入的机械能被 100% 转换为液体的压力能,用公式表示为

$$P_t = 2\pi T_t n = pq_t \tag{3-3}$$

式中,P_t 为理论功率;T_t 为理论转矩。

实际上,由于液压泵有泄漏和机械摩擦,所以液压泵在能量转换过程中是有能量损失的,输出功率总是小于输入功率。输入功率和输出功率之间的差值为功率损失,功率损失有容积损失和机械损失两部分。输出功率和输入功率之间的比值为总效率,总效率有容积效率和机械效率两部分。

(1) 输入功率 P_i

输入功率是驱动液压泵的机械功率,即实际输入的机械功率。

$$P_i = 2\pi Tn \tag{3-4}$$

式中,T 为驱动液压泵的实际输入转矩;n 为液压泵的主轴转速。

(2) 输出功率 P_o

液压泵的输出功率是泵的进、出口压差 Δp 与泵的实际流量 q 的乘积。在实际的计算中,若油箱通大气,则液压泵吸、压油口的压力差 Δp 往往用液压泵出口压力 p 代替,即

$$P_o = pq \tag{3-5}$$

(3) 功率损失

如前所述,液压泵的功率损失为输入功率减去输出功率,它包括容积损失和机械损失两部分。容积损失是因泄漏等原因造成的液压泵流量上的损失,容积损失可用容积效率来表征;机械损失是指因摩擦而造成的转矩上的损失,机械损失可用机械效率来表征。

(4) 容积效率 η_v

液压泵在工作时,由于存在泄漏,液压泵的实际流量总是小于理论流量。容积效率等于液压泵的实际流量与理论流量的比值,即

$$\eta_v = \frac{q}{q_t} = \frac{q_t - q_l}{q_t} = 1 - \frac{q_l}{q_t} \tag{3-6}$$

由式(3-2)可知,工作压力越大,液压泵的泄漏流量越大,液压泵的容积效率随泄漏流量 q_l 的增大而减小,故液压泵的容积效率随工作压力的增大而减小。

液压泵的容积效率可以用来表征液压泵的容积损失,容积效率越低,说明它因泄漏而引起的容积损失越大。

(5) 机械效率 η_m

液压泵在工作时,由于液压泵内流体的黏性和机械摩擦,驱动液压泵的实际输入转矩总是大于理论上需要的转矩。机械效率等于驱动液压泵的理论转矩与实际转矩的比值,即

$$\eta_m = \frac{T_t}{T} \tag{3-7}$$

液压泵的机械效率可以用来表征液压泵的机械损失,机械效率越低,说明它因摩擦而引起的机械损失越大。

(6) 总效率 η

液压泵的总效率是实际输出功率与实际输入功率之比。

$$\eta = \frac{P_o}{P_i} \tag{3-8}$$

由式(3-6)~式(3-8)和式(3-3)可以得到

$$\eta = \frac{P_o}{P_i} = \frac{pq}{2\pi T n} = \frac{pq_t \eta_v}{2\pi \frac{T_t}{\eta_m} n} = \eta_v \eta_m \tag{3-9}$$

式(3-9)说明,液压泵的总效率也等于容积效率和机械效率的乘积。

液压泵的各个参数和压力之间的关系如图3-3所示。

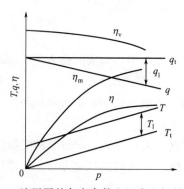

图 3-3 液压泵的各个参数和压力之间的关系

3.3 齿轮泵

齿轮泵是以成对齿轮啮合运动完成吸油和压油动作的一种定量液压泵,是液压传动系统中常用的液压泵。在结构上,齿轮泵可分为外啮合式和内啮合式两类。

3.3.1 外啮合齿轮泵

(1) 工作原理

外啮合齿轮泵的工作原理如图 3-4 所示。泵体内相互啮合的主、从动齿轮 2 和 3 与两端盖及泵体一起构成许多密封工作腔,齿轮的啮合点将左、右两腔隔开,形成了吸、压油腔,当齿轮按图 3-4 所示方向旋转时,右侧吸油腔内的轮齿脱离啮合,密封工作腔容积不断增大,形成部分真空,油液在大气压力作用下从油箱经吸油管进入吸油腔,并被旋转的轮齿带入左侧的压油腔。左侧压油腔内的轮齿不断进入啮合,使密封工作腔容积减小,油液受到挤压被排往系统中,这就是齿轮泵的吸油和压油过程。齿轮连续运转,泵连续不断地吸油和压油。

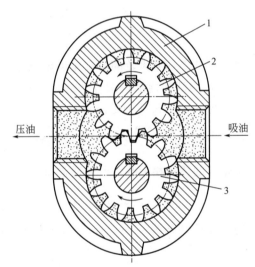

图 3-4 外啮合齿轮泵的工作原理
1—泵体;2—主动齿轮;3—从动齿轮

齿轮啮合点处的齿面接触线将吸油腔和压油腔分开,起到了配油(配流)作用,因此不需要单独设置配油装置,这种配油方式称为直接配油。

如图 3-5 所示为 CB-B 齿轮泵的结构简图,该齿轮泵为外啮合渐开线齿轮泵,广泛应用于机床和工程机械的液压系统,可作为液压系统的动力源,也可作为润滑泵、输油泵使用。

(2) 齿轮泵的排量和流量计算

齿轮泵排量和流量的精确计算比较复杂,因为当齿轮旋转时,齿轮的不同啮合点其工作容腔容积的变化率是不一样的,故在每一个瞬间所排出的油液量也不相同。近似计算时可认为排量等于它的两个齿轮的齿间槽容积的总和,假设齿间槽的容积等于轮齿的体积,

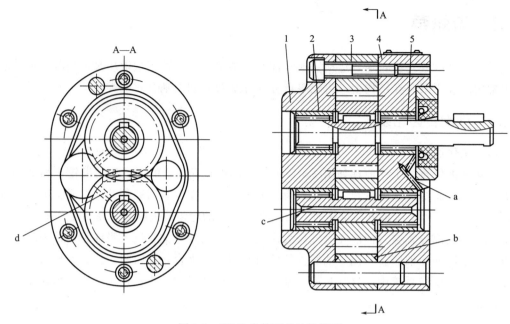

图 3-5　CB-B 齿轮泵的结构简图

1—后端盖；2—滚针轴承；3—泵体；4—前端盖；5—长轴；a,c,d—泄油孔；b—防泄漏卸荷槽

则齿轮泵的排量可以近似地等于其中一个齿轮的所有轮齿体积与齿间槽容积之和。即以齿顶圆为外圆，直径为 $(z-2)m$ 的圆为内圆的圆环为底，以齿宽为高所形成的环形筒的体积，当齿轮的模数为 m、齿宽为 B、齿数为 z 时排量为

$$V=\frac{\pi}{4}\{[(z+2)m]^2-[(z-2)m]^2\}B=2\pi zm^2B \tag{3-10}$$

实际上齿间槽的容积比轮齿的体积稍大些，所以通常取

$$V=6.66zm^2B \tag{3-11}$$

因此，当驱动齿轮泵的原动机转速为 n 时，外啮合齿轮泵的理论流量和实际输出流量分别为

$$q_t=6.66zm^2Bn \tag{3-12}$$

$$q=6.66zm^2Bn\eta_v \tag{3-13}$$

式中，η_v 为外啮合齿轮泵的容积效率。

以上计算的是外啮合齿轮泵的平均流量，实际上随着啮合点位置的不断改变，吸、排油腔的每一瞬时的容积变化率是不均匀的，因此齿轮泵的瞬时流量是脉动的，设 q_{max}、q_{min} 分别表示最大、最小瞬时流量，则流量脉动率 σ 可用式(3-14) 表示。

$$\sigma=\frac{q_{max}-q_{min}}{q}\times100\% \tag{3-14}$$

理论研究表明，外啮合齿轮泵齿数越少，脉动率 σ 就越大，其值最高可达 20% 以上。流量脉动引起压力脉动，随之产生振动和噪声，故精度要求高的液压系统不宜采用齿轮泵。

3.3.2　外啮合齿轮泵的结构特点和应用

(1) 外啮合齿轮泵的结构特点

① 困油问题。外啮合齿轮泵要连续平稳地工作，齿轮啮合时的重叠系数必须大于1，即至少有一对以上的轮齿同时啮合，因此，在工作过程中，就有一部分油液困在两对轮齿啮合时所形成的封闭油腔之内，该封闭油腔又称为困油区，如图3-6所示。这个封闭油腔与泵的高、低压油腔均不相通，其容积的大小随齿轮转动而变化。从图3-6(a)到图3-6(b)，困油区容积逐渐减小；从图3-6(b)到图3-6(c)，困油区容积逐渐增大。如此产生了封闭容积周期性地增大减小。当困油区容积逐渐减小时，受困油液受到挤压而产生瞬间高压，封闭容腔的受困油液若无油道与排油口相通，油液将从缝隙中被挤出，导致油液发热，轴承等零件也受到附加冲击载荷的作用；当困油区容积逐渐增大时，无油液的补充，又会造成局部真空，使溶于油液中的气体分离出来，产生气穴，这就是齿轮泵的困油现象。

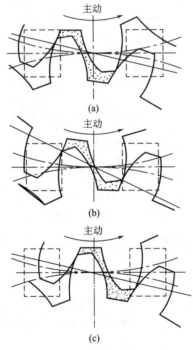

图 3-6　齿轮泵的困油现象

困油现象使齿轮泵产生强烈的噪声，并引起振动和汽蚀，同时降低泵的容积效率，影响泵的工作平稳性和使用寿命。消除困油的方法，通常是在两端盖板上开卸荷槽，如图3-6中的虚线方框。当封闭容积减小时，通过左边的卸荷槽与压油腔相通，而封闭容积增大时，通过右边的卸荷槽与吸油腔通，两卸荷槽的间距必须确保在任何时候都不使吸、排油相通。

② 泄漏问题。在液压泵中，压油腔的油液通过间隙向吸油腔的泄漏是不可避免的，而且，压力越高，通过间隙泄漏的液压油越多。外啮合齿轮泵压油腔的压力油可通过三种途径泄漏到吸油腔去：一是通过齿轮啮合线处的间隙；二是通过泵体内孔和齿顶间的径向

间隙；三是通过齿轮两端面和端盖间的轴向间隙。在这三类间隙中，轴向间隙的泄漏量最大，其泄漏量可占总泄漏量的 75%～80%。轴向间隙越大，泄漏量越大，会使容积效率过低；间隙过小，齿轮端面与泵的端盖间的机械摩擦损失增大，会使泵的机械效率降低。

为了提高齿轮泵的压力和容积效率，实现齿轮泵的高压化，需要从结构上采取措施，对轴向间隙进行自动补偿。如图 3-7 所示为采用浮动轴套的齿轮泵轴向间隙自动补偿原理，该齿轮泵的一端轴套是固定轴套，而另一端轴套是浮动安装的，浮动轴套外侧的空腔与泵的压油腔相通，当泵工作时，浮动轴套受油压的作用而压向齿轮端面，使轴套内侧始终紧贴在齿轮端面上，压力越高，轴向间隙越小，从而补偿了轴向间隙，减小了泵内通过轴向间隙的泄漏。

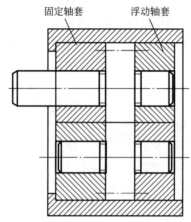

图 3-7　采用浮动轴套的齿轮泵轴向间隙自动补偿原理

③ 径向不平衡力问题。在齿轮泵中，油液作用在齿轮外缘的压力是不均匀的，从低压腔到高压腔，压力沿齿轮旋转的方向逐齿递增，因此，齿轮和轴受到径向不平衡力的作用，工作压力越高，径向不平衡力越大，径向不平衡力很大时，能使泵轴弯曲，泵体内吸油口一侧的齿顶压向泵体，导致泵体内侧被轮齿刮伤，同时也加速轴承的磨损，降低轴承使用寿命。

为了减小径向不平衡力的影响，常采取缩小压油口尺寸的办法，使压油腔的压力仅作用在一个齿到两个齿的范围内，同时，适当增大径向间隙，使齿顶不与泵体内表面产生接触，并在支承上多采用滚针轴承或滑动轴承。有的高压齿轮泵采用在端盖上开设平衡槽的办法来减小径向不平衡力。

(2) 性能特点及应用

外啮合齿轮泵的优点是结构简单，制造方便，价格低廉，体积小，重量轻，工作可靠，维护方便，自吸能力强，对油液污染不敏感。它的缺点是容积效率低，轴承及齿轮轴上承受的径向载荷大，因而使工作压力的提高受到一定限制。此外，还存在着流量脉动大、噪声较大等不足之处。外啮合齿轮泵常用于负载小、功率小的机床设备及机床辅助装置如送料、夹紧等场合，在工作环境较差的工程机械上也广泛应用。

3.3.3　内啮合齿轮泵

内啮合齿轮泵的工作原理与外啮合齿轮泵完全相同，也是利用齿间的封闭容积的变化来实现吸油和压油的。内啮合齿轮泵有摆线内啮合齿轮泵和渐开线内啮合齿轮泵两种。

内啮合齿轮泵的优点是结构紧凑，尺寸小，重量轻，噪声小，运转平稳，流量脉动较小，在高转速下可获得较大的容积效率。缺点是齿形复杂，加工精度高，加工难度大，造价较高。

（1）摆线内啮合齿轮泵

如图 3-8 所示为摆线内啮合齿轮泵的工作原理，内齿轮 1 和外齿轮 2 只相差一个齿，不需要设置隔板，在内齿轮 1 和外齿轮 2 的各相对轮齿及两端盖间形成了几个独立的封闭腔。随着齿轮的旋转，各封闭腔的容积将增大或减小，从而完成吸、压油动作。

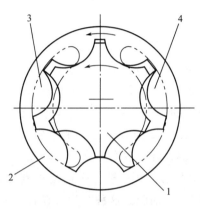

图 3-8　摆线内啮合齿轮泵的工作原理
1—内齿轮；2—外齿轮；3—吸油腔；4—压油腔

摆线内啮合齿轮泵在输油系统中可作传输、增压泵。在燃油系统中可作传输、加压、喷射的燃油泵。在一切工业领域中均可作润滑泵用。

（2）渐开线内啮合齿轮泵

如图 3-9 所示为渐开线内啮合齿轮泵的工作原理，内齿轮 1 是主动轮，它和外齿轮 2 之间要装一块隔板 3，以便把吸油腔 4 和压油腔 5 隔开。渐开线内啮合齿轮泵的工作原理与摆线内啮合齿轮泵的工作原理完全相同，它们的结构特点及应用场合也基本相同。

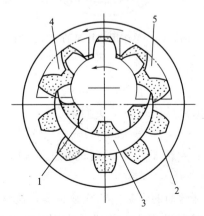

图 3-9　渐开线内啮合齿轮泵的工作原理
1—内齿轮；2—外齿轮；3—隔板；4—吸油腔；5—压油腔

3.4 叶片泵

叶片泵是靠叶片、定子和转子间构成的封闭工作腔容积变化而实现吸油和压油的一类液压泵。根据各封闭工作容积在转子旋转一周吸、压油次数的不同，叶片泵分为单作用叶片泵和双作用叶片泵两类。叶片泵具有结构紧凑、运转平稳、流量脉动小等优点，在工作机械的中高压系统中应用广泛。叶片泵的缺点是结构较复杂、吸油性能较差、对油液污染比较敏感。

3.4.1 单作用叶片泵

(1) 工作原理

如图 3-10 所示为单作用叶片泵的工作原理。它由转子 1、定子 2、叶片 3 和端盖等组成，定子 2 具有圆柱形内表面，定子 2 和转子 1 间有偏心距 e。叶片 3 装在转子 1 的槽中，并可在槽内滑动，当转子 1 转动时，由于离心力的作用，使叶片 3 紧靠在定子 2 内壁，这样在定子、转子、叶片和两侧配油盘间就形成若干个密封的工作腔，当转子 1 按图 3-10 所示的方向转动时，在图的右部，叶片逐渐伸出，叶片间的工作腔容积逐渐增大，从吸油口吸油，这是吸油腔。在图的左部，叶片被定子内壁逐渐压进槽内，工作腔容积逐渐缩小，将油液从压油口压出，这是压油腔。这种叶片泵在转子每转一转时，每个工作腔完成一次吸油和压油，因此称为单作用叶片泵。转子不停地旋转，泵就不断地吸油和压油。

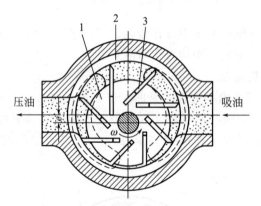

图 3-10 单作用叶片泵的工作原理
1—转子；2—定子；3—叶片

(2) 流量计算

单作用叶片泵的实际输出流量用式(3-15) 计算。

$$q = 2\pi beDn\eta_v \tag{3-15}$$

式中，b 为叶片宽度；e 为转子与定子间的偏心；D 为定子内径；其余符号意义同前。

单作用叶片泵的流量也是脉动的，泵内叶片数越多，流量脉动率越小。此外，奇数叶片泵的脉动率比偶数叶片泵的脉动率小，所以单作用叶片泵的叶片数总取奇数，一般为 13 片或 15 片。

(3) 特点及应用

单作用叶片泵的优点是运转平稳、压力脉动小、噪声小、结构紧凑、尺寸小、流量大。其缺点是对油液要求高,如油液中有杂质,则叶片容易卡死;与齿轮泵相比结构较复杂。它广泛用于专用机床,自动化生产线等中、低压液压系统中。

由式(3-15)可以看出,改变单作用叶片泵定子和转子之间的偏心距 e 便可改变排量,如果单作用叶片泵的偏心距 e 不可调则是定量泵,如果 e 可调则是变量泵,实际生产中的单作用叶片泵多为变量泵,当偏心距 e 反向时,吸油和压油方向也相反;由于单作用叶片泵的转子受到不平衡的径向液压作用力,故又称为非平衡式泵,所以这种单作用叶片泵一般不宜用于高压场合;为了更有利于叶片在惯性力作用下向外伸出,而使叶片有一个与旋转方向相反的倾斜角,称为后倾角,一般为 $24°$。

3.4.2 限压式变量叶片泵

如上所述,单作用叶片泵由于转子相对定子有一个偏心距 e,使泵轴在旋转时封闭工作腔的容积产生变化,产生吸油和压油动作。如果单作用叶片泵设有偏心距 e 的调节机构,则该单作用叶片泵为变量泵。

改变偏心距 e 的方式可分为手动调节变量泵和自动调节变量泵两种。自动调节变量泵又有限压式变量泵、稳流量式变量泵和恒压式变量泵等多种形式,其中限压式变量泵的应用较普遍。限压式变量叶片泵又分为外反馈式和内反馈式两种。下面介绍外反馈限压式变量叶片泵。

(1) 工作原理

限压式变量叶片泵是单作用叶片泵,根据单作用叶片泵的工作原理,改变定子和转子间的偏心距 e,就能改变泵的输出流量,限压式变量叶片泵能借助输出压力的大小自动改变偏心距 e 的大小来改变输出流量。当压力低于某一可调节的限定压力时,泵的输出流量最大;压力高于限定压力时,随着压力增加,泵的输出流量线性地减少。

外反馈限压式变量叶片泵的工作原理如图3-11所示。它能根据外负载(泵出口压力)的大小自动调节泵的排量。图3-11中转子1的中心 O 是固定不动的,定子3(其中心为 O_1)可沿滑块滚针支承4左右移动。定子右边有反馈柱塞5,它的油腔与泵的压油腔相通。设反馈柱塞5的受压面积为 A,则作用在定子3上的反馈力 pA 小于作用在定子上的弹簧力 F_s 时,弹簧2把定子推向最右边,反馈柱塞5和流量调节螺钉6用以调节泵的原始偏心,进而调节流量,当反馈柱塞5和流量调节螺钉6相接触时,偏心达到预调值 e_0,泵的输出流量最大。

当泵的压力升高到 $pA > F_s$ 时,反馈力克服弹簧预紧力,推动定子左移 x 距离,偏心减小,泵输出流量随之减小。泵出口压力越高,偏心越小,输出流量也越小。当压力达到使泵的偏心所产生的流量全部用于补偿泄漏时,泵的输出流量为零,不管外负载再怎样加大,泵的输出压力也不会再升高,所以这种泵被称为限压式变量叶片泵。

(2) 流量-压力特性

设泵的转子和定子间的预设偏心距为 e_0,此时弹簧的预压缩量为 x_0,弹簧刚度为 k_s,当压力逐渐增大,使定子开始移动时压力为 p_b,则有

$$p_b A = k_s x_0 \tag{3-16}$$

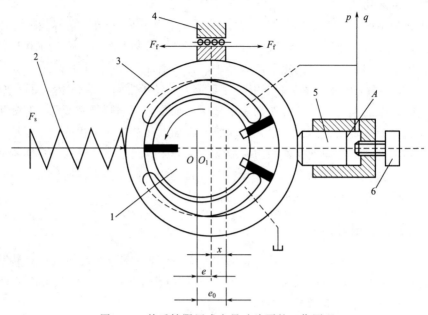

图 3-11 外反馈限压式变量叶片泵的工作原理
1—转子；2—弹簧；3—定子；4—滑块滚针支承；5—反馈柱塞；6—流量调节螺钉

由此得

$$p_b = \frac{k_s x_0}{A} \quad (3-17)$$

当泵压力为 p 时，定子移动了 x 距离，亦即弹簧压缩量增加，这时的偏心量为

$$e = e_0 - x \quad (3-18)$$

如忽略泵在滑块滚针支承处的摩擦力 F_f，泵定子的受力方程为

$$pA = k_s(x_0 + x) \quad (3-19)$$

泵的实际输出流量为

$$q = k_q e - k_1 p \quad (3-20)$$

式中，k_q 为泵的流量系数；k_1 为泵的泄漏系数。

当 $pA < F_s$ 时，定子处于极右端位置，这时 $e = e_0$

$$q = k_q e_0 - k_1 p \quad (3-21)$$

当 $pA > F_s$ 时，定子左移，泵的流量减小，由式(3-17)、式(3-18)、式(3-20) 得

$$q = k_q e - k_1 p = k_q (e_0 - x) - k_1 p = k_q \left(e_0 - \frac{pA - k_s x_0}{k_s} \right) - k_1 p \quad (3-22)$$

整理得外反馈限压式变量叶片泵的流量-压力特性方程为

$$q = k_q(e_0 + x_0) - \left(\frac{k_q A}{k_s} + k_1 \right) p \quad (3-23)$$

外反馈限压式变量叶片泵的流量-压力特性曲线如图 3-12 所示，不变量的 AB 段与式(3-21) 相对应，就像定量泵一样，压力增加时，实际输出流量因泄漏量增加减少；BC 段是泵的变量段，与式(3-22) 相对应，这一区段内泵的实际流量随着压力增大而迅速下降，叶片泵处于变量泵工况，B 点叫作曲线的拐点，拐点处的压力值主要由弹簧预紧力

确定，并可以由式(3-17)算出。

变量泵的最大输出压力 p_{max} 相当于实际输出流量为零时的压力，令式(3-23)中 $q=0$，可得

$$p_{max} = \frac{k_s(x_0 + e_0)}{A + \frac{k_s k_1}{k_q}} \tag{3-24}$$

图 3-11 中，通过调节弹簧 2 的预紧力以改变 x_0，便可改变 p_b 和 p_{max} 的值，这时图 3-12 中 BC 段左右平移。调节右端的流量调节螺钉 6，便可改变 e_0，从而改变空载流量的大小，此时图 3-12 中的 AB 段上下平移，但 BC 段不会左右平移，而 p_b 值则稍有变化。如把弹簧 2 更换成不同刚度的弹簧，则可改变 BC 段的斜率，弹簧越"软"，BC 段越陡，p_{max} 值越小；反之，弹簧越"硬"，BC 段越平坦，p_{max} 值越大。

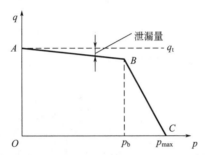

图 3-12 外反馈限压式变量叶片泵的流量-压力特性曲线

外反馈限压式变量叶片泵对既要实现快速运动，又要实现保压和工作进给的执行元件来说是一种合适的油源；快速运动需要大的流量，负载压力较低，正好使用其 AB 段曲线部分；保压和工作进给时负载压力升高，需要流量减小，正好使用其 BC 段曲线部分。

(3) 特点及应用

与定量叶片泵相比，限压式变量叶片泵结构复杂，做相对运动的机件多，泄漏较大，轴上受有不平衡的径向液压力，噪声较大，容积效率和机械效率都没有定量叶片泵高；但是，它能按负载压力自动调节流量，在功率使用上较为合理。限压式变量叶片泵在中、低压液压系统中应用较多，液压系统采用这种变量泵，可以省去溢流阀，并减少油液发热，从而减小油箱的尺寸，使液压系统比较紧凑。在机床液压系统中被广泛采用。

3.4.3 双作用叶片泵

(1) 工作原理

双作用叶片泵的工作原理如图 3-13 所示，它的作用原理与单作用叶片泵相似，也是由定子 1、转子 2、叶片 3 和配油盘等组成，不同之处在于双作用叶片泵的转子 2 和定子 1 的中心是重合的，且定子 1 内表面近似为椭圆形，该椭圆形由两段长半径 R、两段短半径 r 和四段过渡曲线所组成。

当转子 2 转动时，叶片在离心力和根部压力油的作用下，在转子槽内进行径向移动而压向定子内表面，由相邻叶片、定子的内表面、转子的外表面和两侧配油盘间形成若干个封闭空间，当转子按图 3-13 所示方向旋转时，处在小圆弧上的封闭空间经过渡曲线而运

动到大圆弧的过程中，叶片外伸，密封空间的容积增大，吸入油液；再从大圆弧经过渡曲线运动到小圆弧的过程中，叶片被定子内壁逐渐压进槽内，密封空间容积变小，将油液从压油口压出。

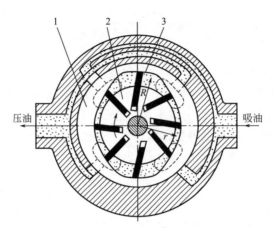

图 3-13　双作用叶片泵的工作原理
1—定子；2—转子；3—叶片

对于双作用叶片泵，转子每转一转，每个封闭空间要完成两次吸油和两次压油，所以称为双作用叶片泵，这种叶片泵由于有两个吸油腔和两个压油腔，并且各自的中心夹角是对称的，所以作用在转子上的油液压力相互平衡，因此双作用叶片泵又称为平衡式叶片泵，为了使径向力完全平衡，密封空间数（即叶片数）应当是双数。

(2) 流量计算

由图 3-13 可知，当叶片每伸缩一次时，每相邻叶片间油液的排出量等于长半径圆弧段的容积与短半径圆弧段的容积之差。若叶片数为 z，则每转排油量等于上述容积差的 $2z$ 倍，则双作用叶片泵的实际输出流量公式为

$$q = V n \eta_v = 2b \left[\pi (R^2 - r^2) - \frac{R-r}{\cos\theta} sz \right] n \eta_v \tag{3-25}$$

式中，b 为叶片宽度；R 和 r 分别为定子圆弧部分的长短半径；θ 为叶片的安放角；s 为叶片厚度；z 为叶片数；其余符号意义同前。

双作用叶片泵的流量脉动较小。流量脉动率在叶片数为 4 的倍数且大于 8 时最小，故双作用叶片泵一般叶片数为 12 片或 16 片。

(3) 特点及应用

由于双作用叶片泵的压油口对称分布，所以不仅作用在转子上的径向力是平衡力，而且运转平稳、输油量均匀、噪声小，因此在各类机床设备中得到广泛应用，尤其在注塑机、运输装卸机械、液压机和工程机械中得到很广泛的应用。

3.5　柱塞泵

柱塞泵是靠柱塞在缸体中做往复运动造成封闭容积的变化来实现吸油与压油的液压泵。柱塞泵按柱塞的排列和运动方向不同，可分为轴向柱塞泵和径向柱塞泵两大类。

3.5.1 轴向柱塞泵

(1) 工作原理

轴向柱塞泵是将多个柱塞配置在一个共同缸体的圆周上,并使柱塞中心线和缸体中心线平行的一种泵。轴向柱塞泵有两种形式:斜盘式和斜轴式。

如图 3-14 所示为斜盘式轴向柱塞泵的工作原理。这种泵主要由缸体 1、配油盘 2、柱塞 3 和斜盘 4 等组成。柱塞沿圆周均匀分布在缸体内。斜盘轴线与缸体轴线倾斜一个角度 γ,柱塞靠机械装置或在低压油作用下压紧在斜盘上(图中为弹簧),配油盘 2 和斜盘 4 固定不转,当原动机通过传动轴 5 使缸体 1 转动时,由于斜盘和弹簧的作用,柱塞在缸体内做往复运动,并通过配油盘的配油口进行吸油和压油。如图 3-14 中所示回转方向,缸体转角在 $\pi\sim2\pi$ 范围内,柱塞向外伸出,柱塞底部的封闭工作腔容积增大,通过配油盘的吸油口吸油;在 $0\sim\pi$ 范围内,柱塞被斜盘推入缸体,使封闭容积减小,通过配油盘的压油口压油。缸体每转一转,每个柱塞各完成吸、压油各一次,如改变斜盘倾角 γ,就能改变柱塞行程的长度,即改变液压泵的排量,改变斜盘倾角方向,就能改变吸油和压油的方向,即成为双向变量泵。

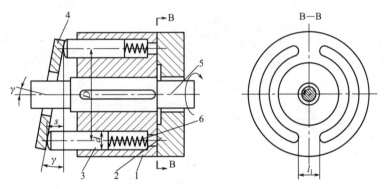

图 3-14 斜盘式轴向柱塞泵的工作原理
1—缸体;2—配油盘;3—柱塞;4—斜盘;5—传动轴;6—弹簧

(2) 流量计算

图 3-14 中,轴向柱塞泵的实际输出流量用式(3-26)计算。

$$q = Vn\eta_v = \frac{1}{4}\pi d^2 Dzn \operatorname{tg}\gamma \eta_v \tag{3-26}$$

式中,z 为柱塞数;d 为柱塞直径;D 为柱塞分布圆直径;γ 为斜盘轴线与缸体轴线间的夹角;其余符号意义同前。

实际上,柱塞泵的输出流量也是脉动的,当柱塞数为单数时,脉动较小。因此一般常用的柱塞数视流量的大小,取 7 个、9 个或 11 个。

如图 3-15 所示为一种斜盘式轴向柱塞泵的结构。图中柱塞的球状头部装在滑履 4 内,以缸体作为支撑的弹簧通过钢球推压回程盘 3,回程盘 3 和柱塞滑履 4 一同转动。在压油过程中借助斜盘 2 推动柱塞做轴向运动;在吸油时依靠回程盘、钢球和弹簧组成的回程装置将滑履紧紧压在斜盘表面上滑动,弹簧一般称为回程弹簧,这样的泵具有自吸能力。在滑履与斜盘相接触的部分有一个油室,它通过柱塞中间的小孔与缸体中的工作腔相连,压力油进入油室后在滑履与斜盘的接触面间形成了一层油膜，起着静压支承的作用，使滑履作用在斜盘上的力大大减小，因而磨损也减小。传动轴 8 通过左边的花键带动缸体 6 旋转，由于滑履 4 贴紧在斜盘表面上，柱塞在随缸体旋转的同时在缸体中做往复运动。缸体中柱塞底部的密封工作容积是通过配油盘 7 与泵的进出口相通的。随着传动轴的转动，液压泵就连续地吸油和压油。只要改变斜盘的倾角，即可改变轴向柱塞泵的排量和输出流量。

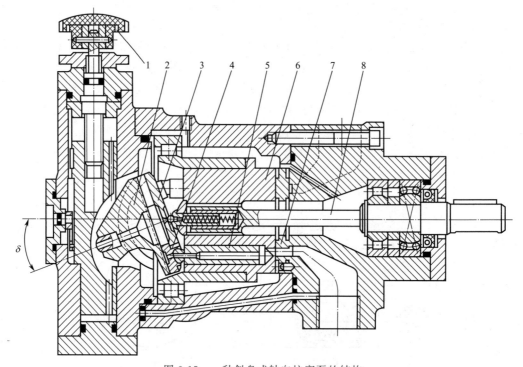

图 3-15 一种斜盘式轴向柱塞泵的结构

1—转动手轮；2—斜盘；3—回程盘；4—滑履；5—柱塞；6—缸体；7—配油盘；8—传动轴

(3) 特点及应用

轴向柱塞泵的优点是结构紧凑、径向尺寸小，惯性小，容积效率高，目前最高压力可达 40.0MPa，甚至更高，一般用于工程机械、压力机等高压系统中，但其轴向尺寸较大，轴向作用力也较大，结构比较复杂。

3.5.2 径向柱塞泵

(1) 工作原理

径向柱塞泵的工作原理如图 3-16 所示，柱塞 1 径向排列装在缸体 2 中，缸体由原动机带动连同柱塞 1 一起旋转，所以缸体 2 一般称为转子，柱塞 1 在离心力（或在低压油）的作用下抵紧定子 4 的内壁，当转子按图 3-16 所示方向旋转时，由于定子和转子之间有偏心距 e，柱塞绕经上半周时向外伸出，柱塞底部的容积逐渐增大，形成部分真空，因此便经过衬套 3（衬套 3 是压紧在转子内，并和转子一起回转）上的油孔从配油轴 5 和吸油口 b 吸油；当柱塞转到下半周时，定子内壁将柱塞向里推，柱塞底部的容积逐渐减小，向配油轴的压油口 c 压油，当转子回转一转时，每个柱塞底部的封闭容积完成一次吸、压油，转子连续运转，即完成吸压油工作。

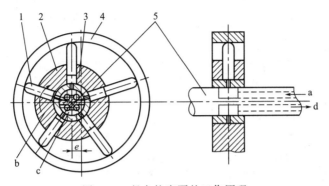

图 3-16　径向柱塞泵的工作原理
1—柱塞；2—缸体；3—衬套；4—定子；5—配油轴

图 3-16 中，配油轴固定不动，油液从配油轴上半部的两个油孔 a 流入，从下半部两个油孔 d 压出，为了进行配油，配油轴在和衬套 3 接触的一段加工出上下两个缺口，形成吸油口 b 和压油口 c，留下的部分形成封油区。封油区的宽度应能封住衬套上的吸油孔和压油孔，以防吸油口和压油口相连通，但尺寸也不能大得太多，以免产生困油现象。

（2）流量计算

径向柱塞泵的实际输出流量为

$$q = V n \eta_v = \frac{\pi}{2} d^2 e z n \eta_v \tag{3-27}$$

式中，e 为转子和定子间的偏心距；d 为柱塞直径；z 为柱塞数量，其余符号意义同前。

当偏心距 e 不可调时为定量泵；当偏心距 e 可调时即为变量泵。通过改变偏心距 e 的方向，吸、压油方向也发生改变。

（3）特点及应用

径向柱塞泵的径向尺寸大，转动惯量大，自吸能力差，且配油轴受到径向不平衡液压力的作用，易于磨损，这些都限制了其转速和压力的提高，故应用范围较小。径向柱塞泵常用于 10MPa 以上的各类液压系统中，如拉床、压力机或船舶等大功率系统。

3.6　各类液压泵的性能比较及选择

液压泵是液压系统的动力元件，其作用是供给系统一定流量和压力的油液，因此也是液压系统的核心元件。合理选择液压泵对于降低液压系统的能耗、提高系统的效率、降低噪声、改善工作性能和保证系统的可靠工作都十分重要。

选择液压泵的原则：应根据液压机的工况、功率大小和系统对工作性能的要求，首先确定泵的结构类型，然后按系统所要求的压力、流量的大小确定其规格型号。表 3-1 列出了各类液压泵的性能比较。

表 3-1 各类液压泵的性能比较

项目	齿轮泵	双作用叶片泵	限压式变量叶片泵	轴向柱塞泵	径向柱塞泵	螺杆泵
工作压力/MPa	<2	6.3~21	≤7	20~35	10~20	<10
容积效率	0.70~0.95	0.80~0.95	0.80~0.90	0.90~0.98	0.85~0.95	0.75~0.95
总效率	0.60~0.85	0.75~0.85	0.70~0.85	0.85~0.95	0.75~0.92	0.70~0.85
流量调节	不能	不能	能	能	能	不能
流量脉动率	大	小	中等	中等	中等	很小
自吸特性	好	较差	较差	较差	差	好
对油的污染敏感性	不敏感	敏感	敏感	敏感	敏感	不敏感
噪声	大	小	较大	大	大	很小
单位功率造价	低	中等	较高	高	高	较高
应用范围	机床、工程机械、农机、航空、船舶、一般机械	机床、注塑机、液压机、起重运输机械、工程机械、飞机	机床、注塑机	工程机械、锻压机械、起重运输机械、矿山机械、冶金机械、船舶、飞机	机床、液压机、船舶机械	精密机床、精密机械、食品、化工、石油、纺织等机械

一般来说，各种类型的液压泵由于其结构原理、运转方式和性能特点各有不同，因此应根据不同的用途选择合适的液压泵。一般在负载小、功率小的机械设备中，选择齿轮泵、双作用叶片泵；精度较高的机械设备（如磨床），选择双作用叶片泵；对于负载较大并有快速和慢速工作的机械设备（如组合机床），选择限压式变量叶片泵；对于负载大、功率大的设备（如龙门刨、拉床等），选择柱塞泵；一般不太重要的液压系统（机床辅助装置中的送料、夹紧等），选择齿轮泵。合理选择液压泵对于降低液压系统的消耗和提高液压系统的工作效率、降低噪声、改善性能和保证液压系统的工作都很重要。

第 4 章

液压马达和液压缸

液压马达和液压缸是将液体的压力能转换为机械能的能量转换装置，它依靠压力油液驱动与其外伸杆或轴相连的工作机构运动而做功。

4.1 液压马达

液压马达和液压泵在结构上基本相同，从原理上来说，它们都是通过封闭工作腔的容积变化来实现能量转换的，只不过给液压马达输入压力油时其封闭工作腔容积由小变大，封闭工作腔容积由大变小时排出的是低压油。液压马达在输入的压力油的作用下，直接或间接对转动部件施加压力并产生扭矩。

虽然从工作原理上液压马达和液压泵是互逆的，但两者的任务和要求有所不同，所以它们在实际结构上存在差异，大多不能通用，只有少数液压泵能作液压马达使用。

4.1.1 液压马达的工作原理

现以轴向柱塞式液压马达为例说明液压马达的工作原理，如图 4-1 所示。当压力油输入时，处于高压腔中的柱塞伸出，压在斜盘 1 上。设斜盘 1 对柱塞 2 的反作用力为 F，F 的轴向分力 F_x 与作用在柱塞上的液压力平衡，而径向分力 F_y 则使处于高压腔中的柱塞都对转子中心产生一个转矩，使缸体和马达轴旋转。

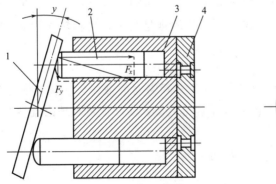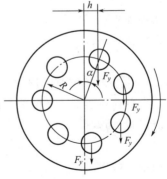

图 4-1 轴向柱塞式液压马达的工作原理
1—斜盘；2—柱塞；3—缸体；4—配油盘

轴向柱塞式液压马达产生的瞬时总转矩是脉动的。若改变马达压力油输入方向，则马达轴的旋转方向也随之发生改变。斜盘倾角 γ 的改变，不仅影响马达的转矩，而且影响它的转速和转向。斜盘倾角越大，产生转矩越大，转速越低。

4.1.2 液压马达的类型及图形符号

液压马达按其结构类型分为齿轮式、叶片式、柱塞式等形式。按液压马达的额定转速分为高速和低速两大类；按排量是否可调节分为定量液压马达和变量液压马达；另外，液压马达还有单向和双向之分。

常见液压马达的图形符号如图 4-2 所示。

(a) 单向定量液压马达　　(b) 单向变量液压马达　　(c) 双向定量液压马达　　(d) 双向变量液压马达

图 4-2　常见液压马达的图形符号

4.1.3 液压马达的主要性能参数

(1) 压力

① 工作压力 p。液压马达入口油液的实际压力称为工作压力，单位为 Pa 或 MPa。液压马达入口压力和出口压力的差值称为工作压差。在液压马达出口直接接油箱的情况下，为便于定性分析问题，通常近似认为液压马达的工作压力等于工作压差。

② 额定压力 p_n。液压马达在正常工作条件下，按试验标准规定连续运转的最高压力称为额定压力，单位为 Pa 或 MPa。液压马达的额定压力取决于其零件强度和密封性，超过此值时就会过载。

(2) 排量和流量

① 排量 V。液压马达的排量是指在无泄漏的情况下，使液压马达轴转一转所需要的液体体积，单位为 m^3/r。液压马达的排量只取决于封闭工作腔的几何尺寸，而与液压马达的转速无关。

② 理论流量 q_t。液压马达的理论流量是指在无泄漏的情况下，单位时间内液压马达所需要的液体体积，单位为 m^3/s。如果液压马达的排量为 V，主轴转速为 n，则该液压马达的理论流量 q_t 为

$$q_t = Vn \tag{4-1}$$

③ 实际流量 q。单位时间内液压马达入口处实际需要的液体体积称为实际流量。由于液压马达内部存在泄漏，实际流量总是大于理论流量。实际流量和理论流量之差即为液压马达的泄漏量 Δq，即

$$\Delta q = q - q_t \tag{4-2}$$

(3) 功率和效率

与液压泵类似，液压马达也是能量转换元件，输入的是液体压力能，表现为液体的压力 p 和流量 q；输出的是机械能，表现为转矩 T 和转速 n。如果不考虑液压马达在能量转

换过程中的能量损失，则输出功率等于输入功率，即理论上输入的液体压力能被100%转换为机械能，用公式表示为

$$P_t = \Delta p q_t = 2\pi T_t n \tag{4-3}$$

式中，P_t 为理论功率；T_t 为理论转矩。

实际上，由于液压马达有泄漏和机械摩擦，所以液压马达在能量转换过程中是有能量损失的，输出功率总是小于输入功率。输入功率和输出功率之间的差值为功率损失，液压马达的功率损失有容积损失和机械损失两部分。输出功率和输入功率的比值为总效率，液压马达的总效率有容积效率和机械效率两部分。

① 输入功率 P_i。液压马达的输入功率是其进、出油口压差 Δp 与其实际流量 q 的乘积。在实际的计算中，若液压马达的出油口直接通油箱，则液压马达进、出油口的压力差 Δp 往往用液压马达入口压力 p 代替，即

$$P_i = pq \tag{4-4}$$

② 输出功率 P_o。输出功率是液压马达实际输出的机械功率。

$$P_o = 2\pi T n \tag{4-5}$$

式中，T 为液压马达的实际输出转矩；n 为液压马达的主轴转速。

③ 功率损失。与液压泵类似，液压马达的功率损失也是输入功率减去输出功率，它包括容积损失和机械损失两部分。容积损失是因泄漏等原因造成的液压马达流量上的损失，容积损失可用容积效率来表征；机械损失是指因摩擦而造成的转矩上的损失，机械损失可用机械效率来表征。

④ 容积效率 η_v。液压马达在工作时，由于存在泄漏，其实际流量总是大于理论流量。容积效率等于液压马达的理论流量与实际流量的比值，即

$$\eta_v = \frac{q_t}{q} = \frac{q - \Delta q}{q} = 1 - \frac{\Delta q}{q} \tag{4-6}$$

液压马达的容积效率可以用来表征液压马达的容积损失，容积效率越低，说明它因泄漏而引起的容积损失越大。

⑤ 机械效率 η_m。液压马达在工作时，由于其内流体的黏性和机械摩擦，液压马达的实际输出转矩总是小于理论上能够输出的转矩。机械效率等于液压马达的实际转矩与理论转矩的比值，即

$$\eta_m = \frac{T}{T_t} \tag{4-7}$$

液压马达的机械效率可以用来表征液压马达的机械损失，机械效率越低，说明它因摩擦而引起的机械损失越大。

⑥ 总效率 η。液压马达的总效率是实际输出功率与实际输入功率之比。

$$\eta = \frac{P_o}{P_i} \tag{4-8}$$

由式(4-6)～式(4-8)和式(4-3)可以得到

$$\eta = \frac{P_o}{P_i} = \frac{2\pi T n}{\Delta p q} = \frac{2\pi T_t \eta_m n}{\Delta p \dfrac{q_t}{\eta_v}} = \eta_v \eta_m \tag{4-9}$$

式(4-9)说明,液压马达的总效率也等于容积效率和机械效率的乘积。

液压马达的特性曲线如图4-3所示。

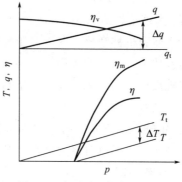

图4-3 液压马达的特性曲线

4.2 摆动液压马达

摆动液压马达是输出转矩并实现往复摆动的一种执行元件,也称为摆动式液压缸,在结构上有单叶片和双叶片两种形式。如图4-4所示为摆动液压马达的工作原理,图中4-4(a)是单叶片摆动液压马达,图4-4(b)是双叶片摆动液压马达。它由叶片1、摆动轴2、定子块3、缸体4等主要零件组成。定子块固定在缸体上,而叶片和摆动轴联结在一起,当两油口相继通以压力油时,叶片即带动摆动轴进行往复摆动。单叶片摆动液压缸的摆动角度较大,能达到300°;双叶片摆动液压缸的摆动角度较小,最大为150°。

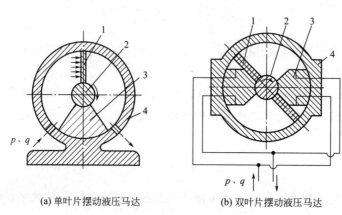

(a) 单叶片摆动液压马达　　(b) 双叶片摆动液压马达

图4-4 摆动液压马达的工作原理

1—叶片;2—摆动轴;3—定子块;4—缸体

叶片摆动液压马达的输出转矩 T 和角速度 ω 分别为

$$T=\frac{zb}{8}(D^2-d^2)(p_1-p_2)\eta_m \tag{4-10}$$

$$\omega=2\pi n=\frac{8q\eta_v}{zb(D^2-d^2)} \tag{4-11}$$

式中，z 为叶片数；b 为叶片宽度；D 为缸筒直径；d 为摆动轴直径；其余符号意义同前。

由式(4-10)和式(4-11)可以看出，双叶片摆动液压马达的输出转矩是单叶片摆动液压马达的 2 倍，角速度是单叶片摆动液压马达的 1/2。

摆动式液压马达常用于机床的送料装置、间歇进给机构、回转夹具、工业机器人手臂和手腕的回转机构等液压系统。双叶片摆动式液压马达适合摆角要求小而转矩要求大并且结构尺寸受限的场合采用。

4.3 液压缸

液压缸又称为油缸，它是液压系统中常用的一种执行元件，其功能是将液体的压力能转换为往复直线运动的机械能。液压缸输入的是油液的压力和流量，输出的是直线运动速度和推力。

4.3.1 液压缸类型及工作参数

液压缸有多种类型，按其结构形式的不同可分为活塞式液压缸、柱塞式液压缸、组合式液压缸等类型；液压缸按液体压力的作用方式又可分为单作用式液压缸和双作用式液压缸，单作用式液压缸只有一个方向的运动由液压力推动，反向运动靠外力（弹簧力、重力等）实现，而双作用式液压缸正反两个方向的运动都是利用液压力推动的。

常用液压缸的图形符号见表 4-1。

表 4-1 常用液压缸的图形符号

类型	活塞式液压缸		柱塞缸	组合缸	
	双杆活塞液压缸	单杆活塞式液压缸		增压缸	双作用伸缩缸
图形符号				A　　B	

(1) 活塞式液压缸

活塞式液压缸根据其使用要求不同可分为双杆式和单杆式两种。

① 双杆活塞式液压缸。活塞两端都有一根直径相等的活塞杆伸出的液压缸称为双杆活塞式液压缸，根据安装方式不同可分为缸筒固定和活塞杆固定两种。

如图 4-5(a)所示为缸筒固定式的双杆活塞式液压缸。它的进、出口布置在缸筒两端，活塞通过活塞杆带动工作部件移动，当活塞的有效行程为 L 时，整个工作部件的运动范围为 $3L$，所以占地面积大，一般适用于小型设备。

如图 4-5(b)所示为活塞杆固定式的双杆活塞式液压缸，这时缸筒与工作部件相连，活塞杆通过支架固定在设备上，动力由缸筒传出。这种安装形式中，工作部件的移动范围只等于液压缸有效行程 L 的 2 倍（$2L$），因此占地面积小，常用于工作部件行程要求较长的大型设备。用这种方式安装时进、出油口可以设置在固定不动的空心的活塞杆的两端，但必须使用软管连接。

由于双杆活塞式液压缸两端的活塞杆直径通常是相等的，因此它左、右两腔的有效面积也相等，当分别向左、右腔输入相同压力和相同流量的油液时，液压缸左、右两个方向的推力和速度相等。图 4-5 中，双杆活塞式液压缸输出的推力和速度值为

$$F=(p_1-p_2)A\eta_\mathrm{m}=(p_1-p_2)\frac{\pi}{4}(D^2-d^2)\eta_\mathrm{m} \qquad (4\text{-}12)$$

$$v=\frac{q}{A}\eta_\mathrm{v}=\frac{4q\eta_\mathrm{v}}{\pi(D^2-d^2)} \qquad (4\text{-}13)$$

式中，A 为活塞的有效工作面积；D、d 为活塞、活塞杆直径；q 为液压缸的输入流量；p_1 为液压缸的进口压力；p_2 为液压缸的出口压力；η_m 和 η_v 分别为液压缸的机械效率及容积效率。

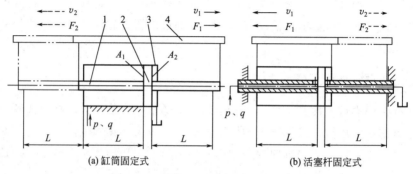

图 4-5　双杆活塞式液压缸的工作原理
1—活塞杆；2—活塞；3—缸筒；4—工作部件

双杆活塞式液压缸常用于要求往返运动速度相同的场合，例如机床工作台双向运动的负载和速度要求基本相同，选用双活塞杆式液压缸可以满足这一要求。

② 单杆活塞式液压缸。如图 4-6 所示为单杆活塞式液压缸的工作原理，活塞只有一端带活塞杆，单杆活塞式液压缸也有缸筒固定和活塞杆固定两种形式，但它们的工作部件移动范围都是活塞有效行程的 2 倍。

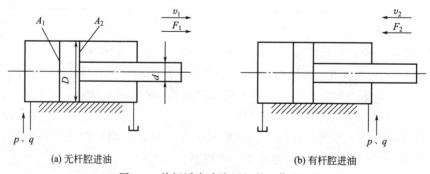

图 4-6　单杆活塞式液压缸的工作原理

由于单杆活塞式液压缸两腔的有效工作面积不等，因此不同的油腔进油时它在两个方向上输出的推力和速度也不等。实际应用中单杆活塞式液压缸有以下三种情况。

a. 无杆腔进油。如图 4-6(a) 所示，活塞的推力 F_1 和运动速度 v_1 分别为

$$F_1 = (p_1 A_1 - p_2 A_2)\eta_m = \frac{\pi}{4}[(p_1 - p_2)D^2 + p_2 d^2]\eta_m \tag{4-14}$$

$$v_1 = \frac{q}{A_1}\eta_v = \frac{4q\eta_v}{\pi D^2} \tag{4-15}$$

b. 有杆腔进油。如图 4-6(b) 所示，活塞的推力 F_2 和运动速度 v_2 分别为

$$F_2 = (p_1 A_2 - p_2 A_1)\eta_m = \frac{\pi}{4}[(p_1 - p_2)D^2 - p_1 d^2]\eta_m \tag{4-16}$$

$$v_2 = \frac{q}{A_2}\eta_v = \frac{4q\eta_v}{\pi(D^2 - d^2)} \tag{4-17}$$

比较式(4-14)和式(4-16)、式(4-15)和式(4-17)可以看出，当活塞杆伸出时，推力较大，速度较小；当活塞杆缩回时，推力较小，速度较大。因为有这个特性，所以单杆活塞式液压缸常常被用于机床上的工作进给和快速退回。

单杆活塞式液压缸在两个方向上的速度比为

$$\lambda_v = \frac{v_2}{v_1} = \frac{1}{1 - \left(\frac{d}{D}\right)^2} \tag{4-18}$$

于是有

$$d = D\sqrt{\frac{\lambda_v - 1}{\lambda_v}} \tag{4-19}$$

在设计液压缸时，先确定 D，再确定 λ_v，然后根据 D 和 λ_v，按公式(4-19)确定 d。

c. 差动连接。单杆活塞液压缸在其左、右两腔同时都接通高压油时称为差动连接，作差动连接的液压缸称为差动缸，如图 4-7 所示。差动缸左、右两腔的油液压力相同，但是由于左腔的有效面积大于右腔的有效面积，故活塞向右运动，同时使右腔中排出的油液 q_2 也进入左腔，加大了流入左腔的流量（$q_1 = q + q_2$），从而也加快了活塞移动的速度。差动连接时液压缸的推力比非差动连接时小，速度比非差动连接时大，正好利用这一点，可使在不加大油源流量的情况下得到较快的运动速度，这种连接方式被广泛应用于组合机床的液压动力系统和其他机械设备的快速运动中。

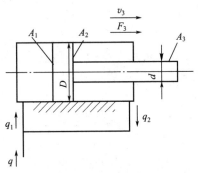

图 4-7　差动连接

差动缸输出的推力 F_3 和速度 v_3 分别为

$$F_3 = p_1(A_1 - A_2)\eta_m = p_1 \frac{\pi}{4}d^2 \eta_m \tag{4-20}$$

$$v_3=\frac{q+q_2}{A_1}=\frac{q+\frac{\pi}{4}(D^2-d^2)v_3}{\frac{\pi}{4}D^2} \quad (4-21)$$

即

$$v_3=\frac{q\eta_v}{\frac{\pi d^2}{4}}=\frac{q\eta_v}{A_1-A_2}=\frac{4q\eta_v}{\pi d^2} \quad (4-22)$$

采用差动连接的增速回路，不需要增加液压泵的输出流量，简单经济，但只能实现一个运动方向的增速，且增速比受液压缸两腔有效工作面积的限制。使用时要注意换向阀和油管通道应按差动时的较大流量选择，否则流动液阻过大，可能使溢流阀在快进时打开，减慢速度，甚至起不到差动作用。

（2）柱塞式液压缸

柱塞式液压缸分为单柱塞式液压缸和双柱塞式液压缸。

① 单柱塞式液压缸。单柱塞式液压缸是一种单作用式液压缸，其工作原理如图 4-8 所示，单柱塞式液压缸主要由缸体 2、柱塞 1 等主要部件组成，柱塞 1 与工作部件连接，缸体 2 固定在设备上，压力油进入缸体 2 时，推动柱塞 1 带动工作部件向右运动。柱塞 1 向左运动则需要借助外力或自重驱动。

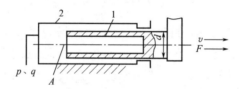

图 4-8 单柱塞式液压缸的工作原理
1—柱塞；2—缸体

单柱塞式液压缸输出的推力和速度分别为

$$F=pA\eta_m=p\frac{\pi}{4}d^2\eta_m \quad (4-23)$$

$$v=\frac{q\eta_v}{A}=\frac{4q\eta_v}{\pi d^2} \quad (4-24)$$

式中，p、q 为油液的压力、流量；d 为柱塞的有效作用面积；其余符号意义同前。

单柱塞式液压缸中的柱塞和缸体不接触，运动时由缸盖上的导向套来导向，因此缸体的内壁不需要精加工，它特别适用于行程较长的场合。柱塞是端部受压，为保证柱塞缸有足够的推力和稳定性，柱塞一般较粗，重量较大，水平安装时易产生单边磨损，故柱塞缸宜垂直安装。水平安装使用时，为减轻重量和提高稳定性，而用无缝钢管制成柱塞。柱塞式液压缸常用于长行程机床，如龙门刨、导轨磨、大型拉床、冶金炉等设备中。

② 双柱塞式液压缸。单柱塞式液压缸只能实现一个方向的液压传动，反向运动要靠外力。若需要实现双向运动，则必须成对使用，组成双柱塞式液压缸，如图 4-9 所示。它相当于将两个单柱塞式液压缸背向并联在一起，将两个柱塞的伸出端刚性固联在一起，当其中一个柱塞伸出时，带动另一个柱塞缩回，这样就可以实现双向运动。

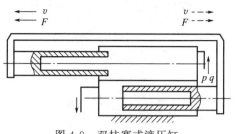

图 4-9 双柱塞式液压缸

(3) 其他液压缸

① 伸缩式液压缸。伸缩式液压缸由两个或多个活塞缸套装而成,前一级活塞缸的活塞杆内孔是后一级活塞缸的缸筒。伸缩式液压缸可以是单作用式,也可以是双作用式,前者靠外力回程,后者靠液压回程。

伸缩式液压缸的外伸动作是逐级进行的。首先是最大直径的缸筒以最低的油液压力开始外伸,当到达行程终点后,稍小直径的缸筒开始外伸,直径最小的末级最后伸出。随着工作级数变大,外伸缸筒直径越来越小(即有效工作面积逐次减小),工作油液压力随之升高,工作速度变快。

如图 4-10 所示为伸缩式液压缸结构示意,它由二级或多级活塞缸套组合而成,主要组成零件有一级缸筒 1、一级活塞 2、二级缸筒 3、二级活塞 4 等。一级缸筒 1 两端有进、出油口 A 和 B。当 A 口进油,B 口回油时,先推动一级活塞 2 向右运动,由于一级活塞的有效作用面积大,所以运动速度低而推力大。一级活塞右行至终点时,二级活塞 4 在压力油的作用下继续向右运动,因其有效作用面积小,所以运动速度快,但推力小。一级活塞 2 既是活塞,又是二级活塞的缸体,有双重作用。若 B 口进油,A 口回油,则二级活塞 4 先退回至终点,然后一级活塞 2 才退回。

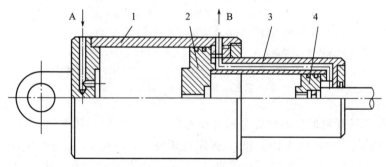

图 4-10 伸缩式液压缸结构示意

1—一级缸筒;2—一级活塞;3—二级缸筒;4—二级活塞

伸缩式液压缸的特点是活塞杆伸出的行程长,收缩后的结构尺寸小,适用于翻斗汽车、起重机的伸缩臂等。

② 齿条液压缸。齿条液压缸由两个柱塞缸和一套齿轮齿条传动装置组成,如图 4-11 所示。柱塞的移动经齿轮齿条传动装置变成齿轮的转动,实现工作部件的往复摆动或间歇进给运动。

齿条液压缸的最大特点是将直线运动转换为回转运动,其结构简单,制造容易,常用于机械手和磨床的进刀机构、组合机床的回转工作台或分度机构、回转夹具及自动线的转位机构等。

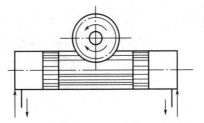

图 4-11 齿条液压缸的结构及工作原理

4.3.2 液压缸的组成

(1) 典型结构

液压缸的结构形式很多,这里以一种典型液压缸为例,说明液压缸的基本结构组成。如图 4-12 所示为空心双活塞杆式液压缸的结构,图示为液压缸用于驱动机床工作台的结构,其安装形式为活塞杆固定,缸筒和工作台固联在一起。

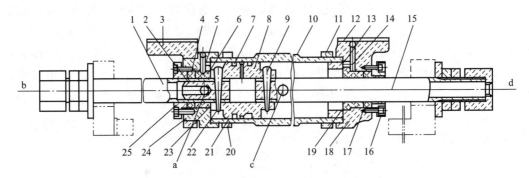

图 4-12 空心双活塞杆式液压缸的结构

1,15—空心活塞杆;2—堵头;3—托架;4,7,17—密封圈;5,14—排气孔;6,19—导向套;
8—活塞;9,22—锥销;10—缸筒;11,20—压板;12,21—钢丝环;
13,23—纸垫;16,25—压盖;18,24—缸盖

图 4-12 所示液压缸的左右两腔是通过径向孔 a、c,经空心活塞杆 1 和 15 的中心孔与油口 b 和 d 相通的。空心活塞杆 1 和 15 固定在床身上,缸筒 10 与工作台固联在一起,当油口 d 接通压力油时,压力油经空心活塞杆 15 的中心孔及径向孔 c 进入液压缸右腔,左腔的油液经径向孔 a 和空心活塞杆 1 的中心孔回油,此时缸筒向右移动;反之缸筒则向左移动。缸盖 18 和 24 通过螺钉与压板 11 和 20 相连(图中未画出螺钉),并经钢丝环 12 相连,左缸盖 24 空套在托架 3 的孔内,可以自由伸缩。空心活塞杆 1 和 15 的一端用堵头堵死,并通过锥销 9 和 22 与活塞 8 相连。缸筒相对于活塞运动由左、右两个导向套 6 和 19 导向。活塞和缸筒之间、缸盖和活塞杆之间以及缸盖和缸筒之间分别用密封圈进行密封,以防止油液的内外泄漏。缸筒在接近行程的左右终端时,径向孔 a 和 c 的开口逐渐减小,对工作台起制动作用。为了排除液压缸中的空气,缸盖上设置有排气孔 5 和 14,经导向套环槽的侧面孔道引出与排气阀相连(图中未画出孔道和排气阀)。

(2) 液压缸的组成

液压缸的结构基本上可以分为缸筒和缸盖、活塞和活塞杆、密封装置、缓冲装置和排气装置，其中缓冲装置和排气装置视具体应用场合而定，其余几种装置则是任何液压缸上都不可缺少的。各部分装置分述如下。

① 缸筒和缸盖组件。缸筒和缸盖组件包括缸筒、缸盖和一些连接零件。缸筒和缸盖承受油液的压力，因此要有足够的强度、刚度、较高的表面精度和可靠的密封性，其具体的结构形式和使用的材料有关系。工作压力小于 10MPa 时可使用铸铁；小于 20MPa 时可使用无缝钢管；大于 20MPa 时可使用铸钢或锻钢。

缸筒和缸盖的常见连接方式如图 4-15 所示。从加工的工艺性、外形尺寸和拆装是否方便不难看出各种连接的特点。图 4-13(a) 是法兰连接式，加工和拆装都很方便，只是外形尺寸大些。图 4-13(b) 是半环连接式，要求缸筒有足够的壁厚。图 4-13(c) 是螺纹连接式，外形尺寸小，但拆装不方便，要用专用工具。图 4-13(d) 是拉杆连接式，拆装容易，但外形尺寸大。图 4-13(e) 是焊接连接式，结构简单，尺寸小，但可能会因焊接有一些变形。

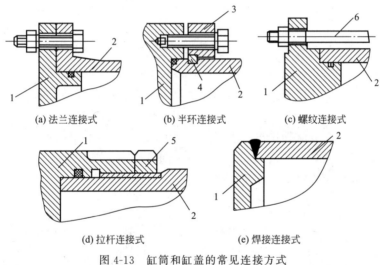

图 4-13　缸筒和缸盖的常见连接方式
1—缸盖；2—缸筒；3—压板；4—半环；5—防松螺母；6—拉杆

② 活塞和活塞杆组件。活塞和活塞杆组件包括活塞、活塞杆和一些连接件。活塞通常是用铸铁制成的，活塞杆通常用钢料制成。活塞组件的连接方式有整体式连接、螺纹式连接、半环式连接和锥销式连接。整体式结构简单、轴向尺寸紧凑，使用可靠，但损坏后需要整体更换，只适用于尺寸较小的场合。活塞和活塞杆组件如图 4-14 所示。螺纹式连接结构简单，拆装方便，但要防止螺母脱落。半环式连接结构复杂，拆装不便，但工作可靠。锥销式连接工艺性好，但承载能力小。可根据工作压力、安装方式及工作条件选择具体的连接方式。

③ 密封装置。液压缸的密封装置用以防止油液的泄漏。密封装置设计得好坏对于液压缸的静、动态性能有着重要的影响。一般要求密封装置应具有良好的密封性、尽可能长的寿命、制造简单、拆装方便、成本低。

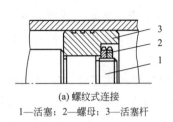 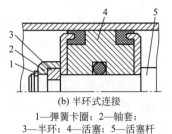 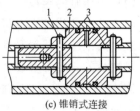

(a) 螺纹式连接　　　　　　　(b) 半环式连接　　　　　　(c) 锥销式连接
1—活塞；2—螺母；3—活塞杆　　1—弹簧卡圈；2—轴套；　　1—锥销；2—活塞；3—活塞杆
　　　　　　　　　　　　　　3—半环；4—活塞；5—活塞杆

图 4-14　活塞和活塞杆组件

液压缸密封的重点部位是缸筒和活塞之间、缸盖和活塞杆之间以及缸筒和缸盖之间。液压缸上常用的密封装置有间隙密封、摩擦环密封、O 形圈密封、V 形圈密封等。设计液压缸的密封装置时，可结合各种密封装置的密封特性及具体形状规格选用适合于各部位的密封元件。

④ 缓冲装置。液压缸一般都设置缓冲装置，特别是对大型、高速或要求高的液压缸，为了防止活塞在行程终点时和缸盖相互撞击，引起噪声、冲击，必须设置缓冲装置。

缓冲装置的工作原理是利用活塞或缸筒在其走向行程终端时封住活塞和缸盖之间的部分油液，强迫它从小孔或细缝中挤出，以产生很大的阻力，使工作部件受到制动，逐渐减慢运动速度，达到避免活塞和缸盖相互撞击的目的。

如图 4-15(a) 所示，在活塞上加工出圆柱形缓冲柱塞，当缓冲柱塞进入与其相配的缸盖上的内孔时，孔中的液压油只能通过间隙 δ 排出，使活塞运动速度降低。由于配合间隙 δ 不变，固缓冲作用是不可调节的。如图 4-15(b) 所示，当圆柱形缓冲柱塞进入配合孔之后，油腔中的油只能经节流阀排出。由于节流阀是可调的，因此缓冲作用也是可调节的。如图 4-15(c) 所示，在缓冲柱塞上开有三角槽，随着柱塞逐渐进入配合孔中，其节流面积越来越小，在行程最后阶段缓冲作用加强。

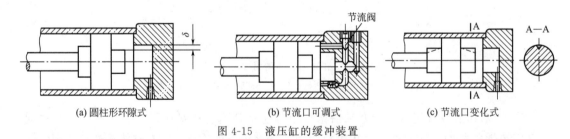

(a) 圆柱形环隙式　　　　　(b) 节流口可调式　　　　　(c) 节流口变化式
图 4-15　液压缸的缓冲装置

⑤ 排气装置。当液压系统长时间停止工作时，易使空气进入系统，如果液压缸中有空气或油液中混入空气，都会使液压缸运动不平稳，因此一般的液压系统在开始工作前都应使系统中的空气排出，为此可以在液压缸的最高部位设置排气装置，排气装置通常有两种，如图 4-16 所示。其中图 4-16(a) 中是在液压缸的最高部位处开排气孔，并在排气孔上安装排气阀进行排气；图 4-16(b) 中是在液压缸的最高部位安放排气塞。两种排气装置都在液压缸排气时打开，排气完毕后关闭。

对于一般的排气要求也可以不设专门的排气装置，而是通过液压缸空载往复运动，将空气随着回油带入油箱分离出来，直至运动平稳。

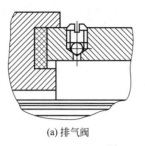 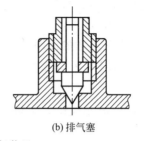

(a) 排气阀　　　　　　　　(b) 排气塞

图 4-16　排气装置

4.3.3　液压缸的选型与设计要点

液压缸有很多标准系列产品，一般应根据使用条件优先从现有液压缸标准系列产品中进行选型，当现有系列产品不能满足使用要求时，才按使用场合和条件进行液压缸的非标准设计。

在设计液压缸之前，必须对整个液压系统进行工况分析，编制负载图，选定系统的工作压力，然后根据使用要求选择结构类型，按负载情况、运动要求、最大行程等确定其主要工作尺寸，进行强度、稳定性和缓冲验算，最后再进行结构设计。

(1) 液压缸主要尺寸的确定

液压缸的结构尺寸主要有三个：缸筒内径 D、活塞杆直径 d 和缸筒长度 L。

① 缸筒内径 D。液压缸缸筒内径 D 的确定分两种情况。如果液压缸是以驱动负载为主要目的，则缸筒内径 D 根据已知负载的大小和选取的设计压力以及背压力进行计算；如果强调液压缸输出速度，则缸筒直径 D 应根据运动速度 v 和已知流量 q 进行计算。经过计算得到缸筒内径 D，再从 GB/T 2348—2018 标准的标准系列中选取最接近的标准值作为所设计的缸筒内径。

② 活塞杆直径 d。活塞杆直径 d 通常先从满足速度或往返速比的要求来选择，然后再校核其结构强度和稳定性。也可根据活塞杆受力状况来确定，即根据活塞杆承受拉力还是压力，以及受力的大小来确定其直径的大小。

③ 缸筒长度 L。缸筒长度 L 由最大工作行程长度加上各种结构需要来确定。缸筒的长度一般最好不超过其内径的 20 倍。

(2) 强度及稳定性校核

强度校核主要针对液压缸的缸筒壁厚 δ、活塞杆直径 d 进行校核，在高压系统中必须进行强度校核。稳定性校核主要是针对受拉状态的活塞杆的稳定性校核。

① 缸筒壁厚 δ 校核。液压缸的缸筒壁厚太薄或作用在缸筒壁上的作用力过大，都可能造成缸筒壁上的应力过大，当作用在缸筒壁上的应力超过缸筒材料的许用应力时，缸筒壁的强度不足，需要重新设计计算。

② 活塞杆直径 d 校核。根据活塞杆上的作用力和所选活塞杆材料的许用应力值来校核，即活塞杆上所受的应力不能超过活塞杆材料的许用应力，超过即说明活塞杆强度不足，必须重新设计计算。

③ 稳定性校核。对受压的活塞杆来说，一般其长径比应不大于 15，当其长径比大于 15 时，须进行稳定性校核，应使活塞杆所承受的负载力小于使其保持稳定的临界负载力，

临界负载力与活塞杆的材料，截面形状、直径和长度，以及液压缸的安装方式等因素有关。

(3) 液压缸设计中应注意的问题

不同的液压缸有不同的内容和要求，一般在设计液压缸的结构时应注意以下几个问题。

① 尽量使液压缸的活塞杆在受拉状态下承受最大负载，或在受压状态下具有良好的稳定性。

② 考虑液压缸行程终了处的制动问题和液压缸的排气问题。缸内如无缓冲装置和排气装置，系统中需有相应的措施，但是并非所有的液压缸都要考虑这些问题。

③ 正确确定液压缸的安装、固定方式。如承受弯曲的活塞杆不能用螺纹连接，要用止口连接。液压缸不能在两端用键或销定位，只能在一端定位，为的是不致阻碍它在受热时的膨胀。如冲击载荷使活塞杆压缩，定位件须设置在活塞杆端，如为拉伸则设置在缸盖端。

④ 液压缸各部分的结构需根据推荐的结构形式和设计标准进行设计，尽可能做到结构简单、紧凑、加工、装配和维修方便。

⑤ 在保证能满足运动行程和负载力的条件下，应尽可能地缩小液压缸的轮廓尺寸。

⑥ 要保证密封可靠，防尘良好。液压缸可靠的密封是其正常工作的重要因素。如泄漏严重，不仅降低液压缸的工作效率，甚至会使其不能正常工作。良好的防尘措施，有助于提高液压缸的工作寿命。

关于液压缸的详细设计计算步骤及过程参见相关的液压设计手册。

第 5 章

液压控制阀

液压控制阀（简称液压阀）是液压传动中用来控制油液方向、压力和流量的元件，简称液压阀。无论是简单还是复杂的液压系统都少不了液压阀。

5.1 液压阀概述

5.1.1 液压阀的基本原理及结构

在工作原理上，液压阀都是利用阀芯在阀体内的相对运动来控制阀口的通断及开口的大小，以实现压力、流量和方向控制。

液压阀的基本结构主要包括阀芯、阀体和驱动阀芯在阀体内做相对运动的操纵装置。阀芯的主要形式有滑阀、锥阀和球阀；阀体上除有与阀芯配合的阀体孔或阀座孔外，还有外接油管的进、出油口和泄油口；驱动阀芯在阀体内做相对运动的装置可以是手调机构，也可以是弹簧或电磁铁，有些场合还采用液压力驱动。

5.1.2 液压阀的分类

液压阀的种类繁多，依据不同的特征和分类方法可将液压阀进行分类，如表 5-1 所示。

表 5-1 液压阀的分类

分类方法	种类	详细分类
按功能分类	压力控制阀	溢流阀、顺序阀、卸荷阀、平衡阀、减压阀、比例压力控制阀、缓冲阀、仪表截止阀、限压切断阀、压力继电器
	流量控制阀	节流阀、单向节流阀、调速阀、分流阀、集流阀、比例流量控制阀
	方向控制阀	单向阀、液控单向阀、换向阀、行程减速阀、充液阀、梭阀、比例方向阀
按结构分类	滑阀	圆柱滑阀、旋转阀、平板滑阀
	座阀	锥阀、球阀、喷嘴挡板阀
	射流管阀	射流阀
按操纵方式分类	手动阀	手把及手轮、踏板、杠杆
	机动阀	挡块及碰块、弹簧、液压、气动
	电动阀	电磁铁控制、伺服电机和步进电机控制

续表

分类方法	种类	详细分类
按连接方式分类	管式连接	螺纹式连接、法兰式连接
	板式及叠加式连接	单层连接板式、双层连接板式、整体连接板式、叠加阀
	插装式连接	螺纹式插装(二通、三通、四通插装阀)、法兰式插装(二通插装阀)
按其他方式分类	开关或定值控制阀	压力控制阀、流量控制阀、方向控制阀
按控制方式分类	电液比例阀	电液比例压力阀、电液比例流量阀、电液比例换向阀、电液比例复合阀
	伺服阀	单级、两级(喷嘴挡板式、动圈式)电液流量伺服阀、三级电液流量伺服阀
	数字控制阀	数字控制压力阀、数字控制流量阀与方向阀

5.1.3 液压阀的基本性能参数

液压阀的基本性能参数是选用和评定液压阀的依据,反映了阀的规格大小和特性。主要有公称通径、额定压力、额定流量等。

(1) 公称通径

公称通径表示液压阀的规格大小,是液压阀进、出油口的名义尺寸。公称通径不是实际意义上的进、出油口的尺寸,它代表阀通流能力的大小,液压系统中一般连接在一起的液压阀的公称通径相同。

(2) 额定压力

额定压力是标志液压阀承压能力大小的参数,是指液压阀在额定工作状态下的名义压力。应根据液压系统设计的工作压力选择相应压力级的液压阀,一般来说,应使液压阀上标明的额定压力值适当大于系统的工作压力。

(3) 额定流量

液压阀的额定流量是指液压阀在额定工作状态下通过的名义流量。液压阀的实际工作流量与系统中油路的连接方式有关,串联回路各处流量相等,并联回路的流量则等于各油路流量之和。选择液压阀的流量规格时,阀的额定流量与系统的工作流量相接近是最经济的。

5.1.4 对液压阀的基本要求

液压传动系统对液压阀的基本要求为以下几点。

① 动作灵敏,使用可靠,工作时冲击和振动小,噪声小,使用寿命长。

② 流体通过液压阀时,压力损失小;阀口关闭时,密封性能好,内泄漏小,无外泄漏。

③ 所控制的参量(压力或流量)稳定,受外部干扰时变化量小。

④ 结构紧凑,安装、调整、使用、维护方便,通用性好。

5.2 方向控制阀

用来控制液体通、断和流向的元件称为方向控制阀。方向控制阀分为单向阀和换向阀两类。

5.2.1 单向阀

单向阀又分为普通单向阀与液控单向阀两种。

(1) 普通单向阀

普通单向阀用于液压系统中防止油流反向流动，又称止回阀或逆止阀。普通单向阀一般由阀体、阀芯和弹簧等零件构成。按其结构不同分为钢球密封式直通单向阀、锥阀芯密封式直通单向阀、直角式单向阀三种；按其连接方式可分为管式连接和板式连接两种。

如图 5-1 所示为普通单向阀的结构和图形符号，其中图 5-1(a) 为管式单向阀结构，图 5-1(b) 为板式单向阀结构。压力油从 P_1 口流入，推动阀芯 2 打开阀口，油液经阀芯 2 上的径向孔 a、轴向孔 b 从 P_2 口流出。当压力油从 P_2 口流入时，压力油作用于阀芯 2 背后，推动阀芯 2 关闭阀口，油液无法流向 P_1 口。

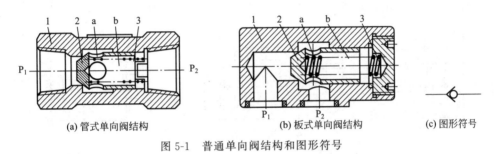

图 5-1 普通单向阀结构和图形符号
1—阀体；2—阀芯；3—弹簧

普通单向阀的性能要求：开启压力要小；正向导通时，阀的压力损失要小；能产生较高的反向压力，反向的泄漏要小；动作灵敏、可靠，无振动、冲击或噪声。

为了保证单向阀工作灵敏、可靠，单向阀的弹簧应较软，其开启压力一般为 0.03～0.05MPa。若将弹簧换为硬弹簧，则可将其作为背压阀用，背压力一般为 0.2～0.6MPa。

普通单向阀的典型应用如下。

① 作单向阀用，控制油路单向接通。

② 作背压阀用。接在泵的出口，避免系统油液向泵倒流。

③ 与其他控制元件组成具有单向功能的组合元件，如单向减压阀、单向顺序阀、单向节流阀及单向调速阀等。

(2) 液控单向阀

液控单向阀除了能实现普通单向阀的功能外，还可按需要由外部油压控制，实现逆向流动。

如图 5-2 所示是液控单向阀的结构原理和图形符号。当控制口 K 处无压力油通入时，它的工作原理和普通单向阀一样；压力油只能从 P_1 口流向 P_2 口，不能反向倒流。当控制口 K 有控制压力油时，因控制活塞 1 右侧 a 腔通泄油口，活塞 1 右移，推动顶杆 2 顶开阀芯 3，使 P_1 口和 P_2 口接通，油液就可在两个方向自由通流。液控单向阀根据泄漏方式不同，可分为外泄式和内泄式两种。

由于液控单向阀的阀芯一般为锥阀，在未通控制油时，具有良好的反向密封性，常用

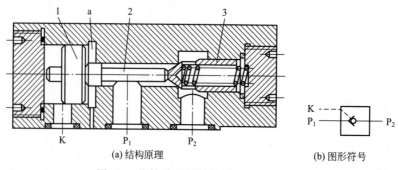

(a) 结构原理　　　　　　　(b) 图形符号

图 5-2　液控单向阀结构原理和图形符号

1—活塞；2—顶杆；3—阀芯

于执行元件需要长时间保压、锁紧的情况，也用于防止立式液压缸由于自重作用而下滑等。汽车起重机的支腿锁紧机构就是采用双液控单向阀来实现整个起重机支撑的，在系统停止供油时，支腿仍能保持锁紧。通常把这种结构称为液压锁，如图 5-3 所示。

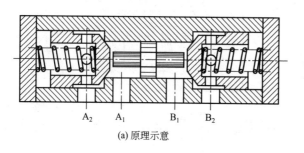 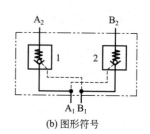

(a) 原理示意　　　　　　　　　(b) 图形符号

图 5-3　液压锁

1，2—液控单向阀

如图 5-3(a) 所示，两个液控单向阀共用一个阀体和控制活塞，这样组合的结构称为液压锁。当从 A_1 通入压力油时，在导通 A_1 与 A_2 油路的同时推动活塞右移，顶开右侧的单向阀，解除 B_2 到 B_1 的反向截止作用；当 B_1 通入压力油时，在导通 B_1 与 B_2 油路的同时推动活塞左移，顶开左侧的单向阀，解除 A_2 到 A_1 的反向截止作用；而当 A_1 与 B_1 口没有压力油作用时，两个液控单向阀都为关闭状态，锁紧油路。

5.2.2　换向阀

（1）换向阀的作用与分类

① 换向阀的作用。换向阀的作用是利用阀芯对阀体的相对运动，使油路接通、关断或变换油流的方向，从而实现液压执行元件及其驱动机构的启动、停止或变换运动方向。

② 换向阀的分类。换向阀的种类很多，分类方法也不同，一般按表 5-2 分类。

表 5-2　换向阀的分类

分类方法	类型
按阀的结构形式分类	滑阀式、转阀式、球阀式、锥阀式等
按阀的操纵方式分类	手动、机动、电磁、液动、电液动、气动等
按阀的工作位置数分类	二位、三位、四位等
按阀所控制的通路数分类	二通、三通、四通、五通等

在所有换向阀中以圆柱滑阀的应用最为广泛,所以以滑阀式换向阀为主,介绍换向阀的工作原理、结构特征、操纵方式、图形符号和典型应用等。

(2) 换向阀的组成及工作原理

滑阀式换向阀由主体(阀芯和阀体)、控制机构以及定位机构组成。如图 5-4 所示为滑阀式换向阀的工作原理,它是靠阀芯在阀体内做轴向运动,从而使相应的油路接通或断开的换向阀。滑阀的阀芯是一个具有多个环形槽的圆柱体,而阀体孔内有若干个沉割槽。每个沉割槽都通过相应的孔道与外部相通,其中 P 为进油口,T 为回油口,而 A 和 B 则分别与液压缸两腔接通。当阀芯处于图 5-4(a)所示位置时,P 与 B 相通、A 与 T 相通,液压缸的活塞向左运动;当阀芯向右移至图 5-4(b)所示位置时,P 与 A 相通、B 与 T 相通,液压缸的活塞向右运动。

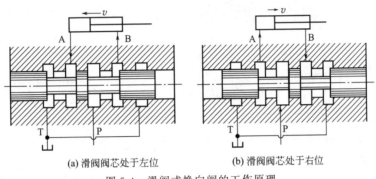

(a) 滑阀阀芯处于左位　　　　(b) 滑阀阀芯处于右位

图 5-4　滑阀式换向阀的工作原理

(3) 换向阀主体部分的结构及图形符号

换向阀的主体部分包括阀芯和阀体,当阀芯在阀体内相对运动时,根据阀芯在阀体中的工作位置以及所控制的通道数可以组合成如二位二通、三位三通、三位五通等多种换向阀。换向阀的图形符号用方框表示阀的工作位置,有几个方框就表示有几"位",方框内的箭头表示油路处于接通状态,但箭头方向不一定表示液流的实际方向,方框内符号"⊥"或"⊤"表示该通路不通,方框外部连接的主油路接口数有几个,就表示几"通"。绘制液压系统原理图时,换向阀应该以常态位置画在液压系统原理图中。二位阀的常态位置指靠近弹簧的一格;三位阀的常态位置指中间一格。滑阀式换向阀主体部分结构型式及图形符号如表 5-3 所示。

表 5-3　滑阀式换向阀主体部分的结构型式及图形符号

名称	原理图	图形符号
二位二通阀		
二位三通阀		

续表

名称	原理图	图形符号
二位四通阀	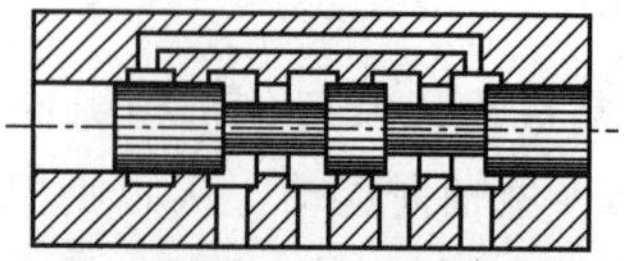	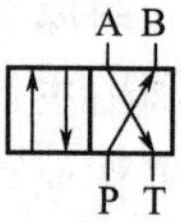
三位四通阀	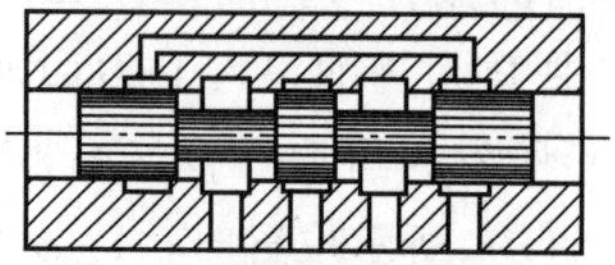	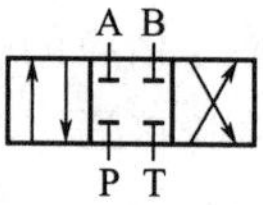
二位五通阀	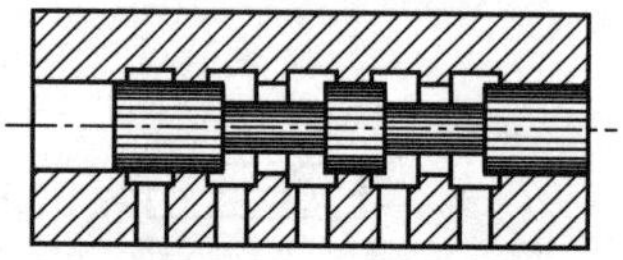	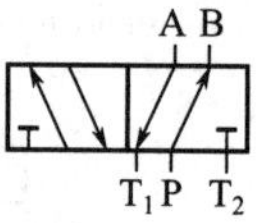
三位五通阀	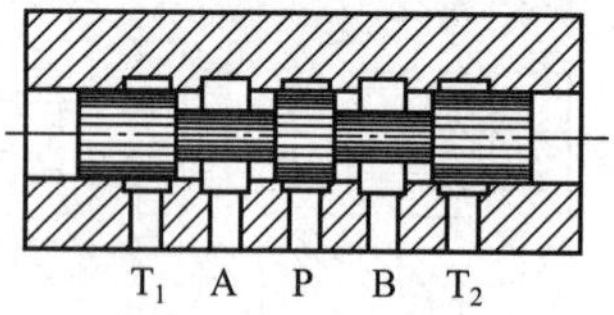	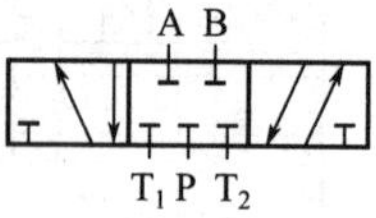

(4) 换向阀的控制方式及图形符号

控制滑阀移动的方法常用的有人力、机械、电磁、液压力和先导控制等。常见换向阀控制方式的图形符号见表5-4。

表5-4 常见换向阀控制方式的图形符号

控制方式的类型		图形符号	说明
人力控制	手柄式	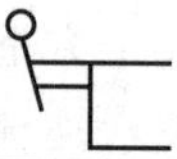	拉动手柄改变阀芯工作位置
	踏板式	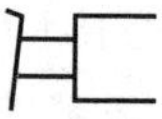	通过踩动脚踏板改变阀芯工作位置
	带定位装置	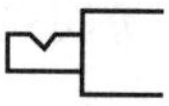	具有定位装置的推或拉控制机构
机械控制	滚轮式	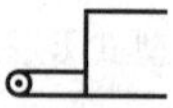	用机械控制方法改变阀芯工作位置
	滚轮杠杆式	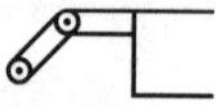	用作单方向行程操纵的滚轮杠杆
	弹簧控制式		用弹簧的作用力改变阀芯工作位置
电气控制	不连续控制	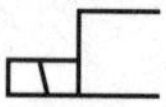	通过电磁铁通断电改变阀芯工作位置,间断控制
	连续控制	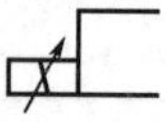	通过电磁铁通断电改变阀芯工作位置,连续控制

续表

控制方式的类型		图形符号	说明
液动控制			用直接液压力控制方法改变阀芯工作位置
液压先导控制	内部压力控制		用液压先导控制方法改变阀芯工作位置,内部压力控制
	外部压力控制		用液压先导控制方法改变阀芯工作位置,外部压力控制
电液控制			电磁阀先导控制,用间接液压力控制方法改变阀芯工作位置

(5) 三位换向阀中位机能

三位换向阀的阀芯处于中间位置时,各通口的连通方式称为阀的中位机能,通常用一个字母表示。滑阀的中位机能可满足不同的功能要求,不同的中位机能可通过改变阀芯的形状和尺寸得到。表 5-5 所示为三位四通换向阀的几种常见中位机能。

表 5-5 三位四通换向阀的几种常见中位机能

中位机能	图形符号	说明
O 型		各油口全部封闭,液压缸被锁紧,液压泵不卸荷,可用于多个换向阀并联工作
H 型		各油口全部连通,液压缸浮动,液压泵卸荷,其他缸不能并联使用
K 型		P、A、T 三油口相通,B 口封闭,液压缸处于闭锁状态,泵卸荷
P 型		压力油口与液压缸两腔连通,回油口封闭,液压泵不卸荷,并联缸可运动,单杆活塞缸实现差动连接
Y 型		液压缸两腔通油箱,液压缸浮动,液压泵不卸荷,并联缸可运动
U 型		P 与 T 口皆封闭,A 与 B 口相通,液压缸浮动,在外力作用下可移动,泵不卸荷
M 型		液压缸两腔封闭,液压缸被锁紧,液压泵卸荷,可用于多个 M 型换向阀并联使用
N 型		P 与 B 口皆封闭,A 与 T 口相通,与 J 型机能类似,只有 A、B 互换,功能也类似
C 型		P 与 A 口相通,B 与 T 口皆封闭,液压缸处于停止状态
J 型		P 与 A 口封闭,B 与 T 口相通;活塞停止,在外力作用下可向一边移动,泵不卸荷
X 型		四油口处于半开启状态;泵基本上卸荷,但仍保持一定压力

在分析和选择阀的中位机能时，通常考虑以下几个问题。

① 系统保压。当 P 口被堵塞时，系统保压，液压泵能用于多缸系统；当 P 口不太通畅地与 T 口接通时（如 X 型），系统能保持一定的压力供控制油路使用。

② 系统卸荷。P 口通畅地与 T 口接通时，系统卸荷（如 H、K、M 型）。

③ 启动平稳性。阀在中位时，液压缸某腔如通油箱，则启动时该腔内因无油液起缓冲作用，启动不太平稳。

④ 液压缸"浮动"和在任意位置上的停止。阀在中位，当 A、B 两口互通时，卧式液压缸呈"浮动"状态，可利用其他机构移动工作台，调整其位置；当 A、B 两口堵塞或与 P 口连接时（在非差动情况下），则可使液压缸在任意位置处停下来。

(6) 换向阀的主要技术性能

由于换向阀的种类繁多，不同类型的换向阀的主要技术性能所包含的项目也不尽相同。换向阀的主要性能以电磁换向阀的项目为最多，主要包括工作可靠性、压力损失、内泄漏量、换向和复位时间、换向频率和使用寿命等。

5.3 压力控制阀

在液压传动系统中，控制油液压力高低的液压阀称为压力控制阀，简称压力阀。这类阀的共同点是利用作用在阀芯上的液压力和弹簧力相平衡的原理工作的。常见的压力控制阀有溢流阀、减压阀、顺序阀、压力继电器等。

5.3.1 溢流阀

溢流阀的主要作用是对液压系统调压或进行安全保护，几乎在所有的液压系统中都会用到它，其性能好坏对整个液压系统的正常工作有很大影响。常用的溢流阀按其结构形式和基本动作方式可分为直动式和先导式两种。

(1) 直动式溢流阀

直动式溢流阀是依靠系统中的压力油直接作用在阀芯上与弹簧力等相平衡，以控制阀芯的启闭动作，如图 5-5 所示为直动式溢流阀的结构原理和图形符号。图 5-5(a) 中 P 为进油口，T 为回油口。进油口 P 的压力油经阻尼孔 1 通入阀芯 3 的底部，阀芯 3 和阀体 2 构成的节流口有重叠量，将 P 口和 T 口隔断，溢流阀处于关闭状态。阀芯 3 的下端面受到压力为 p 的油液的作用，作用面积为 A，压力油作用于该端面上的力为 pA，调压螺钉 5 作用在阀芯上的预紧力为 F_s。当进油口压力较小，即 $pA<F_s$ 时，阀芯 3 处于下端位置，关闭回油口 T，P 与 T 不通，不溢流，即为常闭状态。随着进油口压力升高，当 $pA>F_s$ 时，弹簧被压缩，阀芯 3 上移，打开回油口 T，P 与 T 接通，溢流阀开始溢流。油液溢流回油箱。此时，进口压力与弹簧力相平衡，进口压力基本保持恒定。实际应用系统中，旋转调压螺钉 5 改变弹簧 7 的预压缩量，可使系统获得不同的开启压力。

直动式溢流阀的特点是结构简单、灵敏度高，但压力受溢流量的影响较大，即静态调压偏差大，动态特性因结构形式而异。锥阀式和球阀式反应较快，动作灵敏，但稳定性较差，噪声大，常作安全阀及压力阀的先导阀；而滑阀式动作反应慢，压力超调大，但稳定性好。

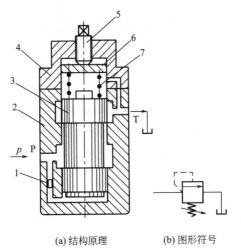

(a) 结构原理　　　(b) 图形符号

图 5-5　直动式溢流阀的结构原理及图形符号

1—阻尼孔；2—阀体；3—阀芯；4—阀盖；5—调压螺钉；6—弹簧座；7—弹簧

(2) 先导式溢流阀

如图 5-6 所示为先导式溢流阀的结构原理及图形符号。如图 5-6(a) 所示，先导式溢流阀由先导阀和主阀构成。压力油从 P 口进入，通过阻尼孔 3 后作用在先导阀阀芯 4 上，当进油口压力较低时，先导阀上的液压作用力不足以克服先导阀右边的先导阀弹簧 5 的作用力时，先导阀关闭，没有油液流过阻尼孔 3，所以主阀芯 2 两端压力相等，在较软的主阀弹簧 1 作用下主阀芯 2 处于最下端位置，溢流阀阀口 P 和 T 隔断，没有溢流。当进油口压力升高到作用在先导阀上的液压力大于先导阀弹簧 5 作用力时，先导阀打开，压力油就可通过阻尼孔 3，经先导阀流回油箱，由于阻尼孔 3 的作用，使主阀芯上端的液压力小于下端液压力，当这个压力差作用在主阀芯上的力超过主阀弹簧力、摩擦力和主阀芯自重时，主阀芯开启，油液从 P 口流入，经主阀口 T 流回油箱实现溢流。

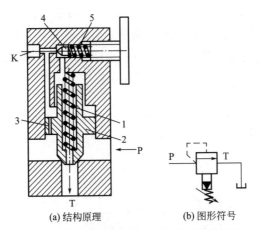

(a) 结构原理　　　(b) 图形符号

图 5-6　先导式溢流阀的结构原理及图形符号

1—主阀弹簧；2—主阀芯；3—阻尼孔；4—先导阀阀芯；5—先导阀弹簧

图 5-6(a) 中的 K 为远程控制口，其作用为，通过油管接到另一个远程调压阀，通过

调节远程调压阀的弹簧力，即可调节溢流阀主阀芯上端的液压力，从而对溢流阀的溢流压力实行远程调压，远程调压阀所能调节的最高压力不得超过溢流阀本身先导阀的调整压力；通过电磁换向阀外接多个远程调压阀，可实现多级调压；通过电磁换向阀将远程控制口 K 接通油箱，主阀芯上端的压力很低，系统的油液在低压下通过溢流阀流回油箱，实现卸荷。

转动旋钮，改变先导阀弹簧 5 的预压缩量，即可调节先导式溢流阀的开启压力。

先导式溢流阀的调压弹簧弹力不必很强，因此压力调整比较轻便，控制压力较高。但是先导式溢流阀只有先导阀和主阀都动作后才能起控制作用，因此反应不如直动式溢流阀灵敏。

(3) 溢流阀的主要性能及要求

溢流阀的性能有静态特性和动态特性两类。

① 静态特性。溢流阀的静态特性是指它在稳定状态下工作时，某些性能参数之间的关系。

a. 压力调节范围。压力调节范围是指调压弹簧在规定的范围内调节时，系统压力能平稳地上升或下降，且压力无突跳及迟滞现象时的最大和最小调定压力。

b. 启闭特性。启闭特性是指溢流阀在稳态情况下从开启到闭合的过程中，被控压力与通过溢流阀的溢流量之间的关系。它是衡量溢流阀定压精度的一个重要指标，一般用溢流阀处于额定流量时的调定压力 p_k 及停止溢流的闭合压力 p_B 分别与 p_s 的比例（%）来衡量，前者称为开启比 $\overline{p}_k$，后者称为闭合比 $\overline{p}_B$，即

$$\overline{p}_k = \frac{p_k}{p_s} \times 100\% \tag{5-1}$$

$$\overline{p}_B = \frac{p_B}{p_s} \times 100\% \tag{5-2}$$

式中，p_s 可以是溢流阀调节范围内的任何一个值，显然上述两个比例越大，则两者越接近，溢流阀的启闭特性就越好，一般应使 $\overline{p}_k \geq 90\%$，$\overline{p}_B \geq 85\%$，直动式和先导式溢流阀的启闭特性曲线如图 5-7 所示。由图中的曲线可以看出，先导式溢流阀的启闭特性比直动式溢流阀的启闭特性好。另外，由于先导式溢流阀是先导阀先动作然后主阀再动作，所以先导式溢流阀的启闭特性曲线分为两段，主阀的动作滞后，因而先导式溢流阀不如直动式溢流阀动作灵敏。

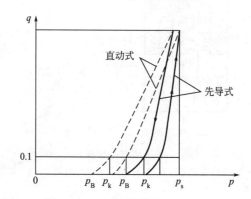

图 5-7 直动式和先导式溢流阀的启闭特性曲线

c. 卸荷压力。当先导式溢流阀的远程控制口 K 与油箱相连时，额定流量下的进口压力称为卸荷压力。卸荷压力实际上是指卸荷时的压力损失，所以先导式溢流阀的卸荷压力越小越好，它的大小与阀的结构形式、阀内部的流道状况及阀口的尺寸大小有关。

d. 最大允许流量和最小稳定流量。溢流阀的最大允许流量为其额定流量。溢流阀的最小稳定流量取决于对压力平稳性的要求，通常规定为额定流量的 15%。

② 动态特性。当溢流阀在溢流量发生由零至额定流量的阶跃变化时，它的进口压力，也就是它所控制的系统压力将如图 5-8 所示的那样迅速升高并超过额定压力的调定值，然后逐步衰减到最终稳定压力，从而完成其动态过渡过程。

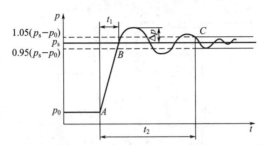

图 5-8 流量阶跃变化时溢流阀的进口压力响应特性曲线

定义最高瞬时压力峰值与额定压力调定值 p_s 的差值为压力超调量 Δp，则压力超调率 $\overline{\Delta p}$ 为

$$\overline{\Delta p} = \frac{\Delta p}{p_s} \times 100\% \tag{5-3}$$

它是衡量溢流阀动态定压误差的一个性能指标，一个性能良好的溢流阀 $\overline{\Delta p}$ 为 10%～30%。

图 5-8 所示的 t_1 称为响应时间；t_2 称为过渡过程时间。显然，t_1 越小，溢流阀的响应越快；t_2 越小，溢流阀的动态过渡过程时间越短。

5.3.2 减压阀

减压阀是使出口压力（二次压力）低于进口压力（一次压力）的一种压力控制阀。其作用是降低液压系统中某一支路的油液压力，使用一个油源能同时提供两个或几个不同压力的输出。根据减压阀所控制的压力不同，它可分为定值减压阀、定差减压阀和定比减压阀，其中定值减压阀应用最多。根据结构形式不同，减压阀也有直动式减压阀和先导式减压阀两类。直动式减压阀较少单独使用，而先导式减压阀性能良好，使用广泛。

先导式减压阀的结构原理及图形符号如图 5-9 所示。减压阀没有工作时，主阀芯处在最下端的极限位置，阀口是常开的。在减压阀通入压力油时，压力油由进油口 P_1 流入，经减压口 f 减压后由出油口 P_2 流出，出口压力油经阀体 2 与端盖 4 上的通道流到主阀芯的下腔，再经阀芯上的阻尼孔 e 流到主阀芯的上腔，最终作用在先导阀芯 1 上。当出油口压力低于先导阀的调定压力时，先导阀关闭，油液便不能在阻尼孔 e 内流动，主阀芯上、下两腔压力相等，主阀芯在弹簧的作用下处于最下端，主阀口开度 x 值最大，阀处于非工作状态。当出口压力达到先导阀的调定压力时，先导阀芯 1 被顶开，主阀芯上腔的油液便由泄油口 L 流回油箱,主阀芯阻尼孔 e 内就有了油液流动,使主阀芯 3 上下两端产生压力差,主阀芯 3 在压差的作用下,克服弹簧力的作用上移,主阀口开度 x 值减小,进出口压降增大,使出口压力下降到调定值;反之,出口的压力减小时,阀芯下移,主阀口开度 x 值增大,减压口 f 增大,使节流降压作用减弱,控制出口的压力维持在调定值。同样,先导式减压阀也具有远程控制口 K,通过它可以实现远程控制。

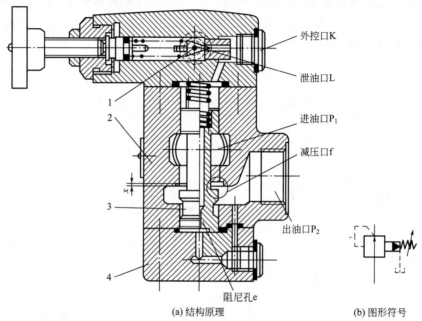

图 5-9　先导式减压阀的结构原理及图形符号
1—先导阀芯;2—主阀体;3—主阀芯;4—端盖

5.3.3　顺序阀

顺序阀用来控制液压系统中各执行元件动作的先后顺序,顺序阀也可视为二位二通液动换向阀。顺序阀的种类繁多,可以按照控制压力、控制来源、泄油方式和安装方式等对其进行分类。

(1) 直动式顺序阀

如图 5-10 所示为直动式内控外泄顺序阀的结构原理。阀的进口压力油通过阀内部流道作用于阀芯下部柱塞上,产生一个向上的液压推力。当液压泵启动后,压力油首先克服液压缸Ⅰ的负载使其先行运动。当液压缸Ⅰ运动到位后,压力 p_1 将随之上升。当压力 p_1 上升到作用于柱塞面积 A 上的液压力超过调压弹簧 3 的预紧力时,阀芯上移,接通 p_1 口和 p_2 口。压力油经顺序阀口后克服液压缸Ⅱ的负载使活塞运动。这样利用顺序阀实现了液压缸Ⅰ和液压缸Ⅱ的顺序动作。

旋转调压螺钉 1,改变调压弹簧 3 的预压缩量,可以改变顺序阀的开启压力。图 5-10 中的顺序阀属于内控式,将端盖 6 旋转 90°或 180°时,当把 K 口处螺塞打开接外部压力时,顺序阀就变成外控式,外控式顺序阀是否开启与一次压力油及入口压力无关,仅取决于外部控制压力的大小。图 5-10 中泄油口通过单独的油道接通油箱,属于外泄式,当泄油口通向阀的出油口时，阀芯上腔的泄漏油液即可从出油口排出，则属于内泄式。一般只有输出压力很低时，才允许使用内泄式。

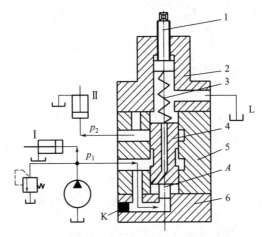

图 5-10　直动式内控外泄顺序阀的结构原理
1—调压螺钉；2—阀盖；3—调压弹簧；4—阀芯；5—阀体；6—端盖

直动式顺序阀结构简单、动作灵敏，但由于弹簧设计的限制，调压偏差较大，限制了压力的提高，因而压力较高的场合常采用先导式顺序阀。

直动式顺序阀的图形符号如图 5-11 所示。

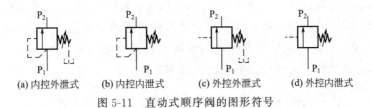

(a) 内控外泄式　　(b) 内控内泄式　　(c) 外控外泄式　　(d) 外控内泄式
图 5-11　直动式顺序阀的图形符号

顺序阀可用于多元件的顺序动作控制、系统保压、立置液压缸的平衡、系统卸荷、作背压阀等。顺序阀可以与单向阀组成平衡阀用于立置液压缸的平衡回路中。

(2) 先导式顺序阀

如图 5-12 所示为先导式顺序阀的结构原理及图形符号。如图 5-12(a) 所示，当一次压力油液由 P_1 进入时，一次压力经过阻尼孔 3 直接作用在先导阀芯 5 上，当一次压力大小不足以克服调压弹簧 6 的作用而打开先导阀芯 5 时，由于主阀芯 2 的上下受力平衡，主阀芯 2 不运动，油液就不会从 P_2 口流出，顺序阀关闭。

当一次压力升高到足以打开先导阀芯时，油液经过泄油口 L 流回油箱，主阀芯 2 上端的压力突然下降，由于阻尼孔 3 的作用，在主阀芯 2 的两端产生压差，主阀芯 2 向上运动，油液便从 P_2 口流出，顺序阀开启。

调节调压螺钉 7，改变调压弹簧的预压缩量就可以改变开启压力。

远程控制口 K 的作用与先导式溢流阀中的远程控制口相同，当远程控制口 K 用螺塞堵上时，则开启压力由先导阀调定；当远程控制口 K 接通其他压力阀时，则可以远程或多级调定开启压力；当远程控制口 K 接通油箱时，则开启压力为 0。

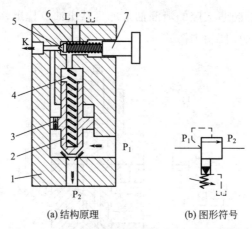

(a) 结构原理　　　(b) 图形符号

图 5-12　先导式顺序阀的结构原理及图形符号

1—主阀体；2—主阀芯；3—阻尼孔；4—复位弹簧；5—先导阀芯；6—调压弹簧；7—调压螺钉

先导式顺序阀可以和普通的直动式顺序阀一样使用，也可用于多执行元件的顺序动作回路、系统保压、立置液压缸的平衡、系统卸荷、作背压阀等。

5.3.4　压力继电器

压力继电器是一种将油液的压力信号转换成电信号的电液控制元件，当油液压力达到压力继电器的调定压力时，即发出电信号，以控制电磁铁、电磁离合器、继电器等元件动作，使油路卸压、换向，执行元件实现顺序动作，或关闭电动机，使系统停止工作，起安全保护作用等。压力继电器有柱塞式、膜片式、弹簧管式和波纹管式四种类型。

如图 5-13 所示为柱塞式压力继电器的结构原理及图形符号。如图 5-13(a) 所示，当从压力继电器下端进油口通入的油液压力达到调定压力值时，推动柱塞 1 上移，通过顶杆 2 推动微动开关 4 动作。

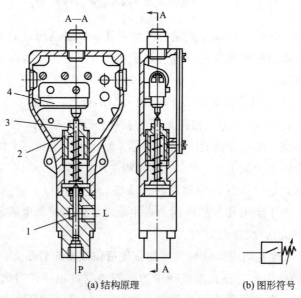

(a) 结构原理　　　(b) 图形符号

图 5-13　柱塞式压力继电器的结构原理及图形符号

1—柱塞；2—顶杆；3—调节螺钉；4—微动开关

通过调节螺钉 3 改变弹簧的压缩量即可以调节压力继电器的动作压力。图 5-13(a) 中 L 为泄油口。

压力继电器经常应用在需要液压和电气转换的回路中，接收回路中压力信号，输出电信号，使系统易于实现自动化。

5.4 流量控制阀

液压系统中执行元件运动速度的大小，由输入执行元件的油液流量的大小来确定。用来控制液体流量的元件称为流量控制阀。流量控制阀是依靠改变阀口通流面积的大小或通流通道的长短以改变液阻，从而控制流量的一类液压阀。常用的流量控制阀有普通节流阀、调速阀、溢流节流阀和分流集流阀等。

5.4.1 普通节流阀

(1) 普通节流阀的结构及工作原理

节流阀是普通节流阀的简称，如图 5-14 所示为普通节流阀的结构原理及图形符号，它主要由阀体 1、阀芯 2、推杆 3、手柄 4 和弹簧 5 等组成。阀芯 2 的左端开有轴向三角槽形式节流口。压力油从进油口 P_1 流入，经阀芯 2 左端的节流沟槽，从出油口 P_2 流出。转动手柄 4，通过推杆 3 使阀芯 2 做轴向移动，可改变节流口的通流截面积，实现流量的调节。弹簧 5 的作用是使阀芯 2 向右抵紧在推杆 3 上。

这种节流阀结构简单，制造容易，体积小，但负载和温度的变化对流量的稳定性影响较大，因此只适用于负载和温度变化不大或执行机构速度稳定性要求较低的液压系统。

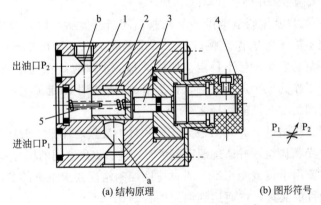

图 5-14 普通节流阀的结构原理及图形符号

1—阀体；2—阀芯；3—推杆；4—手柄；5—弹簧；a—进油通道；b—出油通道

(2) 普通节流阀的主要性能

① 流量-压差特性。普通节流阀的流量-压差特性是指被试节流阀阀口为某一开度时，通过节流阀的流量 q 与节流阀口前后的压差 Δp 的关系。节流阀的流量-压差特性取决于其节流口的形式。节流阀的流量-压差特性常用式(5-4)描述

$$q = CA_T(p_1 - p_2)^\varphi = CA_T \Delta p^\varphi \tag{5-4}$$

式中，C 为系数，其大小由节流口形状、液体流态、油液性质等因素决定，具体数值

由实验得出；A_T 为节流口的通流截面；p_1、p_2 为节流阀的进、出口压力；Δp 为节流口前、后压差；φ 为节流阀指数，由节流口的形状决定，其值为 0.5～1.0，具体数值由实验得出。

节流阀的流量-压差特性曲线如图 5-15 所示。由图可以看出，节流阀的流量 q 受前后压差 Δp 变化的影响比较大，特别是在流量较小时，影响更大。因为在实际调速系统中，节流阀前后的压差总会有变化，通过节流阀的流量 q 变化越大，则执行元件的速度就越不稳定。这也充分说明普通节流阀不适合用在速度稳定性要求高的场合。

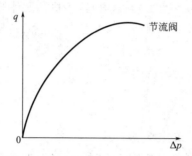

图 5-15 节流阀的流量-压差特性曲线

节流阀流量抵抗压差变化的能力可用节流阀刚性系数 k 反映。

$$k = \frac{\partial \Delta p}{\partial q} = \frac{\Delta p^{1-\varphi}}{CA_T\varphi} \tag{5-5}$$

k 值越大，节流阀流量抵抗压差变化的能力越强，即节流阀的流量稳定性越好。在其他量不变的情况下，φ 越小，k 值越大，因此说明薄壁孔口（$\varphi=0.5$）比细长孔口（$\varphi=1$）节流口要好，目前节流阀多采用薄壁孔口式节流口。

② 最小稳定流量和流量调节范围。节流阀在阀口开度微小时，会出现流量不稳定的异常现象，使系统不能正常工作。阀口前、后压差越大，开始出现流量不稳定的开度越大。即压差越大，更易发生流量不稳定。所以，每一个节流阀在规定的工作压力范围内，都存在一个能正常工作的最小流量限制，称为节流阀的最小稳定流量，它是流量控制范围的下限，也是节流阀的主要性能指标之一。

流量调节范围是指通过节流阀的最大流量和最小流量之比，一般在 50 以上。

③ 压力损失。节流阀全开并通过额定流量时，进、出口之间的压力差值称为压力损失。

普通节流阀主要用于负载变化不大或对速度控制精度要求不高的节流调速系统中，通过调节进入执行元件的流量，进而达到调速的目的。

5.4.2 调速阀

(1) 调速阀的基本结构及工作原理

普通节流阀在工作时，若作用于执行元件上的负载发生变化，将会引起节流阀两端的压差变化，从而导致流过节流阀的流量随之变化，最终引起执行元件的速度随负载变化而变化。为了使执行元件的速度不随负载的变化而变化，就需要采取措施，使流量阀节流口两端的压差不随负载而变。调速阀即是一种常用的可保持流量基本恒定的流量控制阀。

调速阀由一个定差减压阀和一个节流阀串联组合而成。节流阀用来调节流量，定差减压阀用来保证节流阀前后的压力差 Δp 不受负载变化的影响，从而使通过节流阀的流量保持稳定。

如图 5-16 所示为调速阀的结构原理及图形符号，它是由定差减压阀 1 和节流阀 2 串联而成的。减压阀进口压力为 p_1，出口压力为 p_2，节流阀出口压力为 p_3。若负载增加，使 p_3 增大的瞬间，减压阀向左推力增大，使减压阀的阀芯左移，阀口开大，阀口液阻减小，使 p_2 也增大，其差值（$\Delta p = p_2 - p_3$）基本保持不变。同理，当负载减小，p_3 减小时，减压阀阀芯右移，阀口减小，阀口液阻增大，p_2 也减小，其差值亦不变。因此调速阀适用于负载变化较大、速度平稳性要求较高的液压系统。

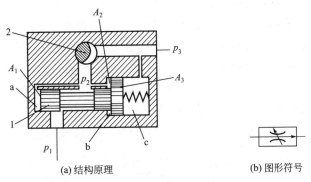

(a) 结构原理　　　　　(b) 图形符号

图 5-16　调速阀的结构原理及图形符号

1—定差减压阀；2—节流阀；a—阀芯小端左腔；b—阀芯大端左腔；
c—阀芯大端右腔；$A_1 \sim A_3$—阀芯 a、b、c 腔的有效作用面积

(2) 调速阀的主要性能

调速阀的流量-压差特性曲线如图 5-17 所示。从图中可以看出，当压差 Δp 很小时，因减压阀阀芯被弹簧推至最下端，减压阀阀口全开，失去其减压稳压作用，此时调速阀流量-压差特性与节流阀相同，即它们在这一段的曲线是重合的。当压差大于其最小值 Δp_{min} 后，调速阀的流量基本保持恒定。所以调速阀正常工作需有 0.5～1MPa 的最小压差。

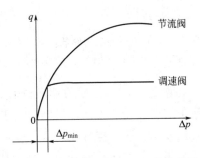

图 5-17　调速阀的流量-压差特性曲线

根据图 5-17，比较节流阀和调速阀的流量-压差特性曲线，可以看出调速阀的流量稳定性要比节流阀好得多，因而适合速度稳定性要求高的场合。

调速阀的主要功用还是用于调速，常用于负载变化大而对速度控制精度要求较高的场合；在需要进行速度换接的系统中，也可以用两个调速阀串联或并联在一起使用，实现两种工进速度的换接。

5.5 其他液压阀

5.5.1 插装阀

插装阀是将其基本组件插入特定的通道块内，配以盖板、先导阀等组成的一种多功能复合阀，插装阀的主流产品是二通盖板式插装阀。

插装阀的基本组件有阀芯、阀套、弹簧和密封圈等，与通道块组合使用时，才能实现对系统油液方向、压力和流量的控制。

插装阀的结构原理和图形符号如图 5-18 所示。由阀套 2、阀芯 3 和弹簧 4 组成的插装阀组件，通过控制盖板 5 压入通道块 1 中，通过先导阀（电阀换向阀）的动作，控制油液的流向，使插装阀实现相应的功能。如图 5-18(a) 所示，插装阀相当于一个液控单向阀，图中 A 和 B 为主油路的两个工作油口，K 为控制油口（与先导阀相接）。当 K 口没有压力油作用时，阀芯受到的向上的液压力大于弹簧力，阀芯开启，A 与 B 相通；反之，当 K 口有液压力作用时，且 K 口的油液压力大于 A 和 B 口的油液压力，A 与 B 之间关闭。

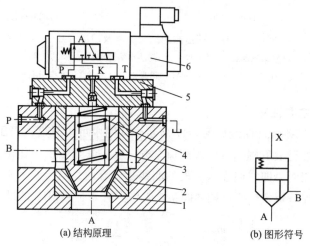

图 5-18 插装阀的结构原理及图形符号

1—通道块；2—阀套；3—阀芯；4—弹簧；5—控制盖板；6—先导控制阀

插装阀的阀芯结构简单，动作灵敏，与普通的液压阀相比具有通流能力大、密封性好、泄漏小、功率损失小、易于实现集成等优点，特别适合于大流量液压系统，被广泛应用于多种工程机械、物料搬运机械和农业机械行业。

插装阀按功能分为方向插装阀、压力插装阀和流量插装阀；插装阀还可以组合应用，用不同类型的插装阀与插装阀或插装阀与普通液压阀进行组合构成方向、压力、流量复合插装阀；插装阀还可以组成插装阀回路或系统。

5.5.2 叠加阀

叠加式液压阀简称叠加阀，它是在板式阀集成化基础上发展起来的，其实现各类控制功能的原理与普通阀相同，也可以分为叠加式方向阀、叠加式压力阀和叠加式流量阀。每个叠加阀不仅具有控制功能，还兼有油液通道的作用。现以叠加式先导式溢流阀为例来说明叠加阀的工作原理。

如图 5-19 所示为叠加式先导式溢流阀的结构原理及图形符号，它由先导阀和主阀两部分组成，先导阀为锥阀，主阀相当于锥阀式的单向阀。压力油由进油口 P 进入主阀阀芯 6 右端的 e 腔，并经阀芯上阻尼孔 d 流至主阀阀芯 6 左端 b 腔，再经小孔 a 作用于锥阀阀芯 3 上。当系统压力低于溢流阀调定压力时，锥阀关闭，主阀也关闭，阀不溢流；当系统压力达到溢流阀的调定压力时，锥阀阀芯 3 打开，b 腔的油液经锥阀口及孔 c 由油口 T 流回油箱，主阀阀芯 6 右腔的油经阻尼孔 d 向左流动，于是使主阀阀芯的两端油液产生压力差。此压力差使主阀阀芯克服弹簧 5 而左移，主阀阀口打开，实现了自油口 P 向油口 T 的溢流。调节弹簧 2 的预压缩量便可调节溢流阀的调整压力，即溢流压力。

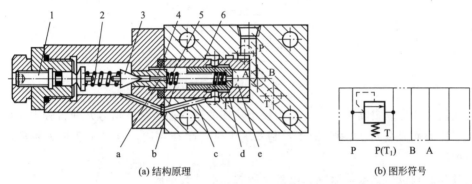

图 5-19 叠加式先导式溢流阀的结构原理及图形符号
1—推杆；2—弹簧；3—锥阀阀芯；4—阀座；5—弹簧；6—主阀阀芯

与其他液压阀相比，叠加阀具有结构紧凑、体积小、重量轻；组装简便，周期短；调整、更换、增减液压元件简单方便；无管连接，能量损耗小，外观整齐，便于维护保养等特点。

叠加阀自成体系，每一种通径系列的叠加阀，其主油路通道和螺钉孔的大小、位置、数量都与相应通径的板式换向阀相同。因此，将同一通径系列的叠加阀互相叠加，可直接连接而组成集成化液压系统。

如图 5-20 所示为叠加式液压装置示意。最下面的是底板，底板上有进油孔、回油孔和通向液压执行元件的油孔，底板上面第一个元件一般是压力表开关，然后依次向上叠加各压力控制阀和流量控制阀，最上层为换向阀，用螺栓将它们紧固成一个叠加阀组。一般一个叠加阀组控制一个执行元件。如果液压系统有几个需要集中控制的液压元件，则用多联底板，并排在上面组成相应的几个叠加阀组。

5.5.3 电液控制阀

以上各小节所述液压阀均为普通液压阀，它们一般适用于液压传动系统中。液压传动系统以传递动力为主，追求传动特性的完善，所以用普通液压阀即可。然而对于液压控制系统来说，用普通液压阀则不能满足要求，因为液压控制系统以传递信息为主，追求控制性能的完善，在液压控制系统中通常用电液控制阀。

电液控制阀是电子技术与液压技术相结合发展的一类液压阀。它们可以实现对液压系

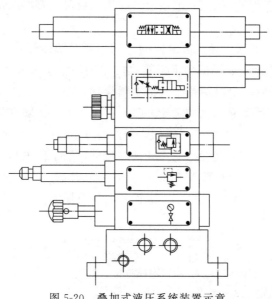

图 5-20 叠加式液压系统装置示意

统压力或流量的连续自动控制，可以用较小功率的输入信号（电信号）获得较大功率的输出信号（压力或流量），常用于液压控制系统中进行闭环控制，且易于实现远距离遥控及计算机控制。

电液控制阀包括电液伺服阀、电液比例阀和电液数字阀。

(1) 电液伺服阀

电液伺服阀通常由电-机械转换元件（力马达或力矩马达）、先导级阀、主阀和检测反馈机构组成。电-机械转换元件用于将输入的电信号转换为力或力矩，经先导级阀接受此力或力矩并将其转换为驱动主阀的液压力，再经主阀将先导级阀的液压力转换为流量或压力的输出；设在阀内部的检测反馈机构用于将先导阀或主阀控制口的压力、流量或阀芯的位移反馈到先导级阀的输入端，实现输入、输出的比较，从而提高阀的控制精度。

电液伺服阀的种类很多，其中喷嘴挡板式力反馈电液伺服阀使用较多，且多用于控制流量较大的系统中。如图 5-21 所示为喷嘴挡板式力反馈电液伺服阀的结构原理。它主要由力矩马达、双喷嘴挡板先导级阀和四凸肩的功率级滑阀三部分组成。弹簧管 11 支承衔铁 3 和挡板 5，其下端球头插入主阀芯 9 中间的槽内。左、右各一个喷嘴 6，两个喷嘴 6 及挡板 5 间形成可变液阻节流孔。当线圈 12 无电信号输入时，衔铁 3、挡板 5 和主阀芯 9 都处于中位。当线圈 12 通入电流后，在衔铁 3 两端产生磁力，使衔铁 3 克服弹簧管 11 的弹性反作用力而偏转一定的角度，并偏转到磁力所产生的力矩与弹性反作用力所产生的反力矩平衡时为止。同时，挡板 5 因随衔铁 3 偏转而发生挠曲，离开中位，造成它与两个喷嘴 6 间的间隙不等。通入伺服阀的压力油经过滤器 8、两个对称的固定节流孔 7 和左、右喷嘴 6 流出，通向回油。当喷嘴与挡板的两个间隙不等时，两喷嘴后侧的压力不相等，它们作用在主阀芯 9 左、右端面上，使主阀芯 9 向相应方向移动一小段距离，同时打开滑阀进油和回油节流边，使压力油经过滑阀一侧控制口流向执行元件，执行元件回油则经滑阀另一阀口通向油箱。弹簧管 11 下端球头随主阀芯 9 移动，对衔铁组件施加一个反力矩。弹簧管 11 将主阀芯 9 的位移转换为力并反馈到力矩马达，后果是使主阀芯两端的压差减小。当主阀芯 9 的液压作用力与挡板 5 下端球头因位移而产生的反作用力达到平衡时，主阀芯 9 就不再移动，并一直使其阀口保持在这一开度上，此时通过滑阀的流量基本保持不变。当改变输入线圈 12 中的电流时，伺服阀的流量也与之成正比地发生改变。

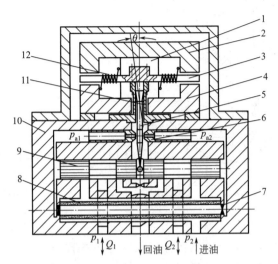

图 5-21　喷嘴挡板式力反馈电液伺服阀的结构原理
1—永久磁铁；2—上导磁体；3—衔铁；4—下导磁体；5—挡板；6—喷嘴；
7—固定节流孔；8—过滤器；9—主阀芯；10—阀体；11—弹簧管；12—线圈

电液伺服阀具有动态响应快、控制精度高、使用寿命长等优点，已广泛应用于航空、航天、舰船、冶金、化工等领域的电液伺服控制系统中。

(2) 电液比例阀

电液比例阀简称比例阀，它是一种把输入的电信号按比例地转换成力或位移，从而对压力、流量等参数进行连续控制的一种液压阀。比例阀是采用比例电磁铁作为电-机械的转换元件。它根据输入的电信号产生相应动作，使工作阀阀芯产生位移，阀口尺寸发生改变以此完成与输入电信号成比例的压力、流量输出的元件。

比例阀由直流比例电磁铁与液压阀两部分组成。其液压阀部分与一般液压阀差别不大，而直流比例电磁铁和一般电磁阀所用的电磁铁不同，比例电磁铁要求吸力（或位移）与输入电流成比例。比例阀按用途和结构不同可分为比例压力阀、比例流量阀、比例方向阀三大类。现以比例溢流阀为例说明电液比例阀的工作原理、图形符号及典型应用。

如图 5-22 所示为先导式比例溢流阀的结构原理及图形符号。当线圈 2 输入电信号时，比例电磁铁 1 便产生一个相应的电磁力，它通过推杆 3 作用于先导阀芯 4，从而使先导阀的控制压力与电磁力成比例，即与输入信号电流成比例，因此比例溢流阀进油口压力的升降与输入信号电流的大小成比例。若输入信号电流是连续、按比例或按一定程序变化，则比例溢流阀所调节的系统压力也连续按比例或按一定程序进行变化。

与普通液压阀相比，比例阀使油路简化，元件数量少；能实现远距离控制，自动化程度高；能连续地、按比例地对油液的压力、流量或方向进行控制，从而实现对执行机构的位置、速度和力的连续控制，并能防止或减小压力、速度变换时的冲击。

比例阀广泛应用于要求对液压参数连续控制或程序控制，但不需要很高控制精度的液压系统中。

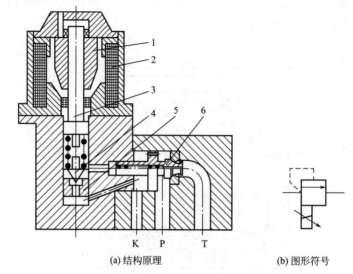

(a) 结构原理　　　　　　　　(b) 图形符号

图 5-22　先导式比例溢流阀的结构原理及图形符号

1—比例电磁铁；2—线圈；3—推杆；4—先导阀芯；5—导阀座；6—主阀阀芯；
P—进油口；T—回油口；K—远程控制口

(3) 电液数字阀

电液数字阀简称数字阀，它是用计算机数字信号直接控制压力、流量和方向的一类阀。按功用划分可分为数字式流量阀、数字式压力阀、数字式方向阀；按控制方式划分可分为增量式和脉宽调制式。

增量式数字阀是由步进电机作为电-机械转换器来驱动液压阀芯工作的。如图 5-23 所示为数字流量阀的结构原理及图形符号。如图 5-23(a) 所示，步进电机 1 直接用数字方式控制，计算机发出信号后，步进电机 1 转动，滚珠丝杠 2 转化为轴向位移，带动节流阀阀芯 3 移动，实现对流量的控制。

数字阀可直接与计算机接口，不需 D/A 转换器，结构简单；价廉；抗污染能力强，操作维护更简单；而且数字阀的输出量准确、可靠地由脉冲频率或宽度调节控制，抗干扰能力强；可得到较高的开环控制精度等。数字阀适用于计算机实时控制的电液控制系统中。

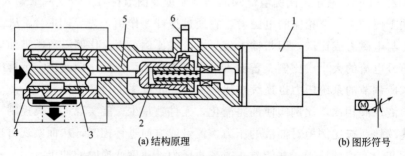

(a) 结构原理　　　　　　　　(b) 图形符号

图 5-23　数字流量控制阀的结构原理及图形符号

1—步进电机；2—滚珠丝杠；3—阀芯；4—阀套；5—连杆；6—零位移传感器

第6章 液压辅件

液压系统中的辅助元件,是指除液压动力元件、执行元件和控制调节元件以外的其他各类组成元件,如蓄能器、滤油器、油箱、热交换器、管件等,它们虽被称为辅助元件,但却是液压系统中不可缺少的组成部分,它们对系统的动态性能、工作稳定性、工作寿命、噪声和温升等都有直接影响,必须予以重视。其中油箱需根据系统要求自行设计,其他辅助装置则做成标准件,供设计时选用。

6.1 过滤器

6.1.1 过滤器的功用和类型

过滤器的功用是过滤混在液压油液中的杂质,降低进入系统中油液的污染度,保证系统正常工作。

按过滤精度的不同,过滤器有粗过滤器、普通过滤器、精密过滤器和特精过滤器四种。按滤芯材料的过滤机制来分,过滤器有表面型过滤器、深度型过滤器和吸附型过滤器三种。

(1) 表面型过滤器

整个过滤作用是由一个几何面来实现的。滤下的污染杂质被截留在滤芯元件靠油液上游的一面。滤芯材料具有均匀的小孔,可以滤除比小孔尺寸大的杂质。由于污染杂质积聚在滤芯表面上,因此它很容易被阻塞住。编网式过滤器和线隙式过滤器属于这种类型(图6-1)。

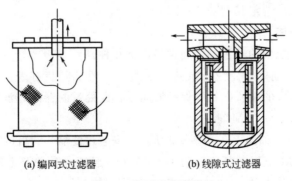

图 6-1 表面型过滤器

(2) 深度型过滤器

这种滤芯材料为多孔可透性材料，内部具有曲折迂回的通道。大于表面孔径的杂质直接被截留在外表面，较小的污染杂质进入滤材内部，撞到通道壁上，由于吸附作用而得到滤除。滤材内部曲折的通道也有利于污染杂质的沉积。纸芯式过滤器、烧结式过滤器属于这种类型（图6-2）。毛毡、陶瓷和各种纤维制品等也可用作滤芯材料。

(3) 吸附型过滤器

这种滤芯材料把油液中的有关杂质吸附在其表面上。如图6-3所示为吸附型过滤器，滤芯由永久磁铁制成，能吸住油液中的铁屑、铁粉、可带磁性的磨料，常与其他形式滤芯合起来制成复合式过滤器，对加工钢铁件的机床液压系统特别适用。

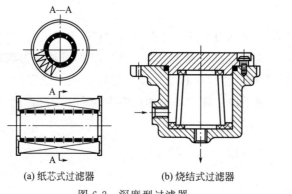

(a) 纸芯式过滤器　　(b) 烧结式过滤器

图6-2　深度型过滤器

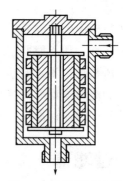

图6-3　吸附型过滤器

6.1.2　过滤器的选用和安装

(1) 过滤器的选用

选用过滤器时，要考虑下列几点。

① 过滤精度应满足预定要求。

② 能在较长时间内保持足够的通流能力。

③ 滤芯具有足够的强度，不因液压的作用而损坏。

④ 滤芯抗腐蚀性能好，能在规定的温度下持久地工作。

⑤ 滤芯清洗或更换简便。

因此，过滤器应根据液压系统的技术要求，按过滤精度、通流能力、工作压力、油液黏度、工作温度等条件选定其型号。

(2) 过滤器的安装

过滤器在液压系统中的安装位置通常有以下几种。

① 安装在泵的吸油口处。液压泵的吸油路上一般都安装有表面型过滤器，如图6-4所示，目的是滤去较大的杂质微粒以保护液压泵，此处过滤器的过滤能力应为泵流量的2倍以上，压力损失小于0.02MPa。

② 安装在泵的出口油路上。如图6-5所示，安装过滤器3的目的是用来滤除可能侵入阀类等元件的污染物。其过滤精度应为10~15μm，且能承受油路上的工作压力和冲击压力，压力降应小于0.35MPa。同时应安装安全阀以防过滤器堵塞。

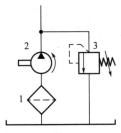 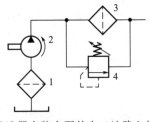

图 6-4　过滤器安装在泵的吸油口处的液压回路　　图 6-5　过滤器安装在泵的出口油路上的液压回路
　　1—过滤器；2—液压泵；3—溢流阀　　　　　　　1,3—过滤器；2—液压泵；4—溢流阀（安全阀）

　　③ 安装在系统的回油管路上。如图 6-6 所示，这种安装起间接过滤作用。一般与过滤器并联安装一个背压阀 2，当过滤器堵塞达到一定压力值时，背压阀打开。

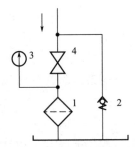

图 6-6　过滤器安装在回油管路上的液压回路
1—过滤器；2—单向阀（背压阀）；3—压力表；4—截止阀

　　④ 安装在系统分支油路上。如图 6-7 所示，把过滤器安装在经常只通过泵流量 20%～30%流量的分支油路上，这种方式称为局部过滤，可起到间接保护系统的作用。

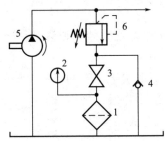

图 6-7　过滤器安装在分支油路上的液压回路
1—过滤器；2—压力表；3—截止阀；4—单向阀；5—单向定量泵；6—溢流阀

　　⑤ 独立油液过滤回路。大型液压系统可专设一个液压泵和过滤器组成独立油液过滤回路，如图 6-8 所示。

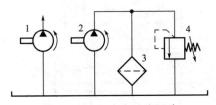

图 6-8　独立油液过滤回路
1,2—单向定量泵；3—过滤器；4—溢流阀

液压系统中除了整个系统所需的过滤器外,还常常在一些重要元件(如伺服阀、精密节流阀等)的前面单独安装一个专用的精过滤器来确保它们的正常工作。

6.2 蓄能器

6.2.1 蓄能器的功用和类型

(1) 蓄能器的功用

蓄能器的功用主要是贮存油液多余的压力能,并在需要时释放出来。在液压系统中蓄能器的作用如下。

① 在短时间内供应大量压力油液。实现周期性动作的液压系统,在系统不需大量油液时,可以把液压泵输出的多余压力油液贮存在蓄能器内,到需要时再由蓄能器快速释放给系统。这样就可选用流量等于循环周期内平均流量的液压泵,以减小电动机功率消耗,降低系统温升。

② 维持系统压力。在液压泵停止向系统供油的情况下,蓄能器能把贮存的压力油液供给系统,补偿系统泄漏或充当应急能源,使系统在一段时间内维持压力,避免停电或系统发生故障时油源突然中断所造成的机件损坏。

③ 减小液压冲击或压力脉动。蓄能器能吸收压力脉动,减小液压冲击,大大减小其幅值。

(2) 蓄能器的类型

蓄能器主要有弹簧加载式、充气式和重力加载式三大类,其中充气式又包括气瓶式、活塞式和皮囊式三种。重力加载式蓄能器,体积庞大,结构笨重,反应迟钝,现在工业上已很少应用。

① 弹簧加载式蓄能器。这种蓄能器的结构原理如图 6-9 所示,它利用弹簧的压缩能来贮存能量,产生的压力取决于弹簧的刚度和压缩量。它的特点是结构简单、反应较灵敏,但容量小、有噪声,使用寿命取决于弹簧的寿命。所以不宜用于高压和循环频率较高的场合,一般在小容量或低压系统中作缓冲之用。

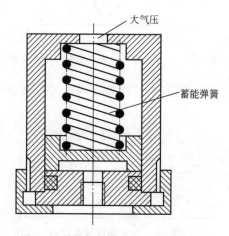

图 6-9 弹簧加载式蓄能器的结构原理

② 气瓶式蓄能器。如图 6-10 所示为气瓶式蓄能器的结构原理，气体和油液在蓄能器中直接接触，故又称气液直接接触式（非隔离式）蓄能器。这种蓄能器容量大、惯性小、反应灵敏、外形尺寸小，没有摩擦损失。但气体易混入（高压时溶入）油液中，影响系统工作平稳性，而且耗气量大，必须经常补充。所以气瓶式蓄能器适用于中、低压大流量系统。

③ 活塞式蓄能器。如图 6-11 所示为活塞式蓄能器的结构原理。这种蓄能器利用活塞将气体和油液隔开，属于隔离式蓄能器。其特点是气液隔离、油液不易氧化、结构简单、工作可靠、寿命长、安装和维护方便，但由于活塞惯性和摩擦阻力的影响，导致其反应不灵敏，容量较小，所以对缸筒加工和活塞密封性能要求较高。一般用来储能或供高、中压系统作吸收脉动之用。

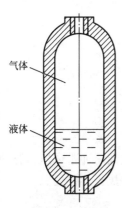

图 6-10 气瓶式蓄能器的结构原理

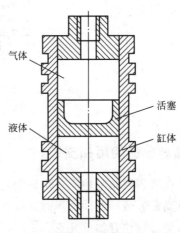

图 6-11 活塞式蓄能器的结构原理

④ 皮囊式蓄能器。如图 6-12 所示为皮囊式蓄能器的结构原理。这种蓄能器主要由壳体 1、皮囊 2、进油阀 4 和充气阀 3 等组成，气体和液体由皮囊隔开。壳体是一个无缝耐高压的外壳，皮囊用特殊耐油橡胶作原料与充气阀一起压制而成。进油阀是一个由弹簧加载的提升阀，它的作用是防止油液全部排出时气囊被挤出壳体之外。充气阀只在蓄能器工作前用来为皮囊充气，蓄能器工作时则始终关闭。这种蓄能器具有惯性小、反应灵敏、尺寸小、重量轻、安装容易、维护方便等优点。

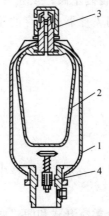

图 6-12 皮囊式蓄能器的结构原理
1—壳体；2—皮囊；3—充气阀；4—进油阀

⑤ 重力加载式蓄能器。这种蓄能器的结构原理如图 6-13 所示，它利用重锤的势能变化来贮存、释放能量。重锤 2 通过柱塞 1 作用在油液上，蓄能器产生的压力取决于重锤的质量和柱塞的大小。它的特点是结构简单、压力恒定，能提供大容量、压力高的油液，但它体积大、笨重、运动惯性大、反应不灵敏、密封处易泄漏、摩擦损失大，因此常用于大型固定设备。

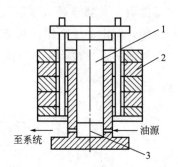

图 6-13　重力加载式蓄能器的结构原理
1—柱塞；2—重锤；3—油液

6.2.2　蓄能器的使用和安装

蓄能器在液压回路中的安放位置随其功用而不同：吸收液压冲击或压力脉动时宜放在冲击源或脉动源近旁；补油保压时宜放在尽可能接近有关的执行元件处。

使用蓄能器须注意如下几点。

① 充气式蓄能器中应使用惰性气体（一般为氮气），允许工作压力视蓄能器结构形式而定，如皮囊式为 3.5～32MPa。

② 不同的蓄能器各有其适用的工作范围，如皮囊式蓄能器的皮囊强度不高，不能承受很大的压力波动，且只能在 -20～70℃ 的温度范围内工作。

③ 皮囊式蓄能器原则上应垂直安装（油口向下），只有在空间位置受限制时才允许倾斜或水平安装。

④ 装在管路上的蓄能器须用支板或支架固定。

⑤ 蓄能器与管路系统之间应安装截止阀，供充气、检修时使用。蓄能器与液压泵之间应安装单向阀，防止液压泵停车时蓄能器内贮存的压力油液倒流。

6.3　油箱及热交换器

6.3.1　油箱

(1) 油箱的功用和结构

油箱的基本功用：贮存工作介质；散发系统工作中产生的热量；分离油液中混入的空气、沉淀污染物及杂质。

液压系统中的油箱按工作原理分类有开式和闭式两类；按结构特征分有整体式和分离式两种。

整体式油箱利用主机的内腔作为油箱，这种油箱结构紧凑，各处漏油易于回收，但增加了设计和制造的复杂性，维修不便，散热条件不好，且会使主机产生热变形。分离式油箱单独设置，与主机分开，减少了油箱发热和液压源振动对主机工作精度的影响，因此得到了普遍应用，特别是用在精密机械上。

开式油箱应用广泛，适用于一般的液压系统。开式油箱的典型结构如图 6-14 所示。由图可见，油箱内部用隔板 7、9 将吸油管 1 与回油管 4 隔开。顶部、侧部和底部分别装有网式过滤器 2、液位计 6 和排放污油的放油阀 8。液压泵及其驱动电动机安装在顶板 5 上。

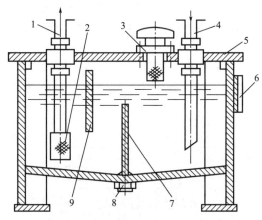

图 6-14　开式油箱的典型结构

1—吸油管；2—网式过滤器；3—空气过滤器；4—回油管；5—顶板；6—液位计；7,9—隔板；8—放油阀

闭式油箱则用于水下或高空无稳定气压的场合。对于充气式的闭式油箱，它不同于开式油箱之处，在于油箱是整个封闭的，顶部有一根充气管，可送入 0.05～0.07MPa 的压缩空气。这种油箱的优点是改善了液压泵的吸油条件，但它要求系统中的回油管、泄油管承受背压。油箱本身还须配置安全阀、压力表等元件以稳定充气压力，因此它只在特殊场合下使用。

(2) 油箱的设计要点

① 油箱容量的确定是油箱设计的关键，油箱的有效容积应根据液压系统发热、散热平衡的原则来计算，这项计算在系统负载较大、长期连续工作时是必不可少的。但对于一般情况来说，油箱的有效容积可以按液压泵额定流量的 3～8 倍来估算。

② 泵的吸油管与系统回油管之间的距离应尽可能远些，管口都应插于最低液面以下。回油管口应截成 45°斜角，以增大回流截面，并使斜面对着箱壁，以利散热和沉淀杂质。

③ 在油箱中设置隔板，以便将吸、回油隔开，迫使油液循环流动，利于散热和沉淀。

④ 设置空气过滤器与液位计。空气过滤器的作用是使油箱与大气相通，保证泵的自吸能力，滤除空气中的灰尘杂物，有时兼作加油口，它一般布置在顶盖上靠近油箱边缘处。

⑤ 设置放油口与清洗窗口。将油箱底面做成斜面，在最低处设放油口，平时用螺塞或放油阀堵住，换油时将其打开放走油污。为了便于换油时清洗油箱，大容量的油箱一般均在侧壁设清洗窗口。

⑥ 最高油面只允许达到油箱高度的80%，油箱底脚高度应在150mm以上，以便散热、搬移和放油，油箱四周要有吊耳，以便起吊装运。

⑦ 油箱正常工作温度应在15～66℃之间，必要时应安装温度控制系统，或设置加热器和冷却器。

6.3.2 热交换器

液压系统的工作温度一般希望保持在30～50℃的范围内，最高不超过65℃，最低不低于15℃，如果液压系统靠自然冷却仍不能使油温控制在上述范围内时，就须安装冷却器；反之，如环境温度太低，无法使液压泵启动或正常运转时，就须安装加热器。

(1) 冷却器

液压系统中的冷却器，最简单的是蛇形管冷却器，如图6-15所示，它直接装在油箱内，冷却水从蛇形管内部通过，带走油液中的热量。这种冷却器结构简单，但冷却效率低，耗水量大。

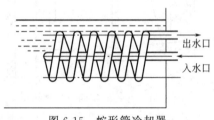

图6-15 蛇形管冷却器

液压系统中用得较多的冷却器是强制对流多管式冷却器，如图6-16所示。油液从进油口流入，从出油口流出；冷却水从进水口流入，通过多根水管后由出水口流出。油液在水管外部流动时，它的行进路线因冷却器内设置了隔板而加长，因而增加了热交换效果。近年来出现一种翅片管式冷却器，水管外面增加了许多横向或纵向的散热翅片，大大扩大了散热面积和热交换效果。

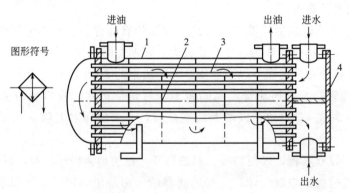

图6-16 强制对流多管式冷却器
1—壳体；2—隔板；3—冷却水管；4—端盖

如图6-17所示为翅片管式冷却器的一种形式，它是在圆管或椭圆管外嵌套上许多径向翅片，其散热面积可达光滑管的8～10倍。椭圆管的散热效果一般比圆管更好。

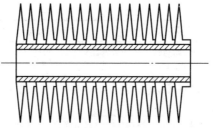

图 6-17 翅片管式冷却器的一种形式

液压系统亦可用汽车上的风冷式散热器来进行冷却。这种用风扇鼓风带走流入散热器内油液热量的装置不须另设通水管路，结构简单，价格低廉，但冷却效果较水冷式差。

一般冷却器的最高工作压力在 1.6MPa 以内，所造成的压力损失为 0.01～0.1MPa。冷却器应安放在回油路或低压管路上。如溢流阀的出口、系统的主回油路上或单独的冷却系统。

(2) 加热器

液压系统的加热一般采用电加热器，这种加热器的安装方式如图 6-18 所示，它用法兰盘水平安装在油箱侧壁上，发热部分全部浸在油液内，加热器应安装在油液流动处，以利于热量的交换。由于油液是热的不良导体，单个加热器的功率容量不能太大，以免其周围油液的温度过高而发生变质现象。

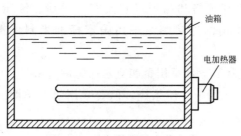

图 6-18 电加热器的安装方式

6.4 管件及压力表辅件

6.4.1 油管

液压系统中使用的油管种类很多，有钢管、紫铜管、尼龙管、塑料管、橡胶管等。须按照安装位置、工作环境和工作压力来正确选用液压油管。液压系统中使用的油管如表 6-1 所示。

表 6-1 液压系统中使用的油管

种类		特点和适用场合
硬管	钢管	耐油、耐高压、抗腐蚀、刚性好、价格低，但装配时不能任意弯曲，常在装拆方便处用作压力管道，中、高压系统用无缝管，低压系统用焊接管
	紫铜管	易弯曲成各种形状，但承压能力一般不超过 6.5～10MPa，抗振能力较弱，又易使油液氧化；通常用在仪表和液压系统装配不便处

续表

种类		特点和适用场合
软管	尼龙管	乳白色半透明,加热后可以随意弯曲成形,冷却后又能定形不变,承压能力因材质而异,自压能力为 2.5~8MPa 不等
	塑料管	质轻耐油,价格便宜,装配方便,但承压能力低,长期使用会变质老化,只宜用作压力低于 0.5MPa 的回油管、泄油管等
	橡胶管	高压管由耐油橡胶夹几层钢丝编织网制成,钢丝编织网层数越多,耐压越高,价昂,用作中、高压系统中两个相对运动件之间的压力管道。低压管由耐油橡胶夹帆布制成,可用作回油管道

液压系统对管路的基本要求:要有足够的强度,能承受系统的最高冲击压力和工作压力;管路与各元件及装置的各连接处要保证密封可靠、不泄漏、不松动;在系统中的不同部位,应选用适当的管径;管路在安装前必须清洗干净,管内不允许有锈蚀、杂质、粉尘、水及其他液体或胶质等污物;管路安装时应避免过多的弯曲,应使用管夹将管路固定,以免产生不必要的振动;管路还应布局合理,排列整齐,方便维修和更换元器件。

6.4.2 管接头

管接头是油管与油管、油管与液压件之间的可拆式连接件,它必须具有装拆方便、连接牢固、密封可靠、外形尺寸小、通流能力大、压降小、工艺性好等各项条件。

管接头的种类很多,其规格和品种可查阅有关手册。液压系统中常用的管接头如表 6-2 所示。管路旋入端用的连接螺纹采用国家标准米制锥螺纹(ZM)和普通细牙螺纹(M)。

锥螺纹依靠自身的锥体旋紧和采用聚四氟乙烯等进行密封,广泛用于中、低压液压系统;细牙螺纹密封性好,常用于高压系统,但要采用组合垫圈或 O 形圈进行端面密封,有时也可用紫铜垫圈。

表 6-2 液压系统中常用的管接头

名称	结构简图	特点和说明
焊接式管接头	球形头	(1)连接牢固,利用球面进行密封,简单可靠 (2)焊接工艺必须保证质量,必须采用厚壁钢管,拆装不便
卡套式管接头	油管 卡套	(1)用卡套卡住油管进行密封,轴向尺寸要求不严,拆装简便 (2)对油管径向尺寸精度要求较高,为此要采用冷拔无缝钢管
扩口式管接头	油管 管套	(1)用油管管端的扩口在管套的压紧下进行密封,结构简单 (2)适用于铜管、薄壁钢管、尼龙管和塑料管等低压管道的连接

续表

名称	结构简图	特点和说明
扣压式管接头		(1) 用于连接高压软管 (2) 在中、低压系统中应用
固定铰接管接头	螺钉 组合垫圈 接头体 组合垫圈	(1) 是直角接头,优点是可以随意调整布管方向,安装方便,占空间小 (2) 接头与管子的连接方法,除本图卡套式外,还可用焊接式 (3) 中间有通油孔的固定螺钉把两个组合垫圈压紧在接头体上进行密封

液压系统中的泄漏问题大部分都出现在管系中的接头上,为此对管材的选用、接头形式的确定(包括接头设计、垫圈、密封、箍套、防漏涂料的选用等)、管系的设计(包括弯管设计、管道支承点和支承形式的选取等)以及管道的安装(包括正确的运输、贮存、清洗、组装等)都要审慎从事,以免影响整个液压系统的使用质量。

6.4.3 压力表辅件

(1) 压力表

压力表用于观察液压系统中各工作点(如液压泵出口、减压阀之后等)的压力,以便于操作人员把系统调整到要求的工作压力。

压力表的种类很多,最常用的是弹簧管式压力表,如图 6-19 所示。当压力油进入扁截面金属弯管 1 时,弯管变形而使其曲率半径加大,端部的位移通过杠杆 4 使齿扇 5 摆动。于是与齿扇 5 啮合的小齿轮 6 带动指针 2 转动,此时就可在刻度盘 3 上读出压力值。

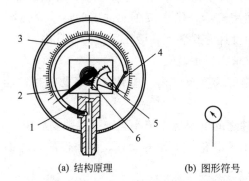

(a) 结构原理　　　(b) 图形符号

图 6-19　弹簧管式压力表的结构原理及图形符号

1—弯管;2—指针;3—刻度盘;4—杠杆;5—齿扇;6—小齿轮

(2) 压力表开关

压力表开关用于接通或断开压力表与测量点油路的通道。压力表开关有一点式、三点式、六点式等类型。多点压力表开关可按需要分别测量系统中多点处的压力。

如图 6-20 所示为六点式压力表开关,图示位置为非测量位置,此时压力表油路经小孔 a、沟槽 b 与油箱接通；若将手柄向右推进去，沟槽 b 将把压力表与测量点接通，并把压力表通往油箱的油路切断，这时便可测出该测量点的压力。如将手柄转到另一个位置，便可测出另一点的压力。

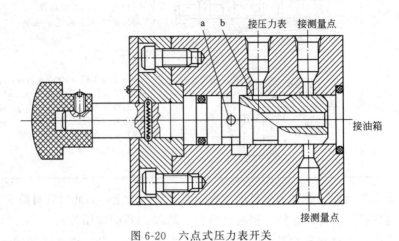

图 6-20　六点式压力表开关

6.5　密封装置

6.5.1　密封装置的功用及要求

密封是解决液压系统泄漏问题最重要、最有效的手段。液压系统如果密封不良，必然出现不允许的内、外泄漏，外泄漏的油液将会污染环境，还可能使空气进入吸油腔，影响液压泵的工作性能和液压执行元件运动的平稳性（爬行）；内泄漏严重时，系统容积效率过低，甚至工作压力达不到要求值。若密封过度，虽可防止泄漏，但会造成密封部分的剧烈磨损，缩短密封件的使用寿命，增大液压元件内的运动摩擦阻力，降低系统的机械效率。因此，合理地选用和设计密封装置在液压系统的设计中十分重要。

对密封装置的基本要求有以下几点。

① 在工作压力和一定的温度范围内，应具有良好的密封性能，并随着压力的增加能自动提高密封性能。

② 密封装置和运动件之间的摩擦力要小，摩擦系数要稳定。

③ 抗腐蚀能力强，不易老化，工作寿命长，耐磨性好，磨损后在一定程度上能自动补偿。

④ 结构简单，使用、维护方便，价格低廉。

6.5.2　密封装置的类型和特点

密封装置按其工作原理来分类，可分为非接触式密封和接触式密封。前者指间隙密封，后者主要指密封圈密封。

(1) 间隙密封

间隙密封是靠相对运动件配合面之间的微小间隙进行密封的，如图 6-21 所示。常用于柱塞、活塞或阀的圆柱配合副中。一般在配合副的外表面（如阀芯上）开上几条等距离的均压槽，它的主要作用是使径向压力分布均匀，减少液压卡紧力，提高对中性，以减小间隙的方法来减少泄漏；同时槽所形成的阻力，对减少泄漏也有很好的作用。均压槽一般宽 0.3～0.5mm，深 0.5～1.0mm。圆柱面配合间隙与直径大小有关，对于阀芯与阀孔一般取 0.005～0.017mm。

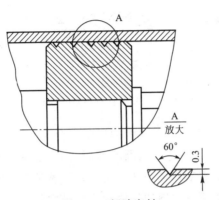

图 6-21　间隙密封

这种密封的优点是摩擦力小，缺点是磨损后不能自动补偿，主要用于直径较小的圆柱面之间，如液压泵内的柱塞与缸体之间，滑阀的阀芯与阀孔之间的配合。

(2) 密封圈密封

密封圈密封是利用橡胶或塑料的弹性使各种截面的环形圈贴紧在静、动配合面之间来防止泄漏的密封装置。密封圈结构简单，制造方便，磨损后有自动补偿能力，密封性能可靠。

密封圈的常用材料为耐油橡胶、尼龙、聚氨酯等。密封圈的材料应具有较好的弹性，适当的强度，耐热和耐磨性能好，摩擦系数小，与金属接触不互相黏着和腐蚀，与液压油有很好的"相容性"。

① O形密封圈。O形密封圈一般用耐油橡胶制成，其横截面呈圆形，它具有良好的密封性能，内外侧和端面都能起密封作用，结构紧凑，运动件的摩擦阻力小，制造容易，装拆方便，成本低，且高低压均可以用，所以在液压系统中得到广泛的应用。

如图 6-22 所示为 O 形密封圈的结构和工作情况。图 6-22(a) 为其外形及截面形状；

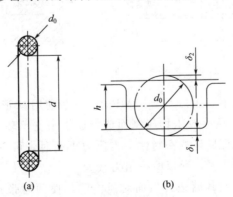

图 6-22　O形密封圈的结构和工作情况

图 6-22(b) 为装入密封沟槽的情况，δ_1、δ_2 为 O 形密封圈装配后的预压缩量。O 形密封圈的安装沟槽，除矩形外，也有 V 形、燕尾形、半圆形、三角形等。

当工作压力超过 10MPa 时，O 形密封圈在往复运动中容易被挤入间隙而过早损坏，如图 6-23(a) 所示。为此要在它的侧面安放聚四氟乙烯挡圈，单向受力时安放一个挡圈，如图 6-23(b) 所示；双向受力时则在两侧各放一个，见图 6-23(c)。

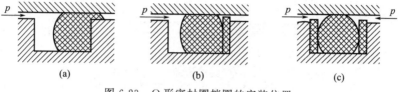

图 6-23　O 形密封圈挡圈的安装位置

② 唇形密封圈。唇形密封圈根据截面的形状可分为 Y 形、V 形、U 形、L 形等。其工作原理如图 6-24 所示。液压力将密封圈的两唇边 h_1 压向形成间隙的两个零件的表面。这种密封作用的特点是能随着工作压力的变化自动调整密封性能，压力越高则唇边被压得越紧，密封性越好；当压力降低时唇边压紧程度也随之降低，从而减少了摩擦阻力和功率消耗，除此之外，还能自动补偿唇边的磨损，保持密封性能不降低。

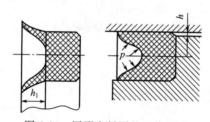

图 6-24　唇形密封圈的工作原理

在液压缸的密封中，普遍使用如图 6-25 所示的 Y 形密封圈作为活塞和活塞杆的密封。其中图 6-25(a) 所示为轴用密封圈，图 6-25(b) 所示为孔用密封圈。这种 Y 形密封圈的特点是断面宽度和高度的比值大，增加了底部支承宽度，可以避免摩擦力造成的密封圈的翻转和扭曲。

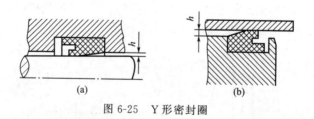

图 6-25　Y 形密封圈

在高压和超高压情况下（压力大于 25MPa），一般使用 V 形密封圈。V 形密封圈的形状如图 6-26 所示，它由多层涂胶织物压制而成，通常由支承环、密封环和压环三个圈叠在一起使用，此时已能保证良好的密封性，当压力更高时，可以增加中间密封环的数量，这种密封圈在安装时要预压紧，所以摩擦阻力较大。

唇形密封圈安装时应使其唇边开口面对压力油，使两唇张开，分别贴紧在机件的表面上。

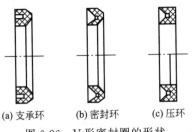

(a) 支承环　　　(b) 密封环　　　(c) 压环

图 6-26　V 形密封圈的形状

(3) 组合式密封装置

随着液压技术的应用日益广泛，系统对密封的要求越来越高，普通的密封圈单独使用已不能很好地满足密封性能，特别是使用寿命和可靠性方面的要求，因此，研究和开发了由包括密封圈在内的两个以上元件组成的组合式密封装置。

图 6-27(a) 所示为 O 形密封圈与截面为矩形的聚四氟乙烯塑料滑环组成的组合密封装置。其中，滑环 2 紧贴密封面，O 形密封圈 1 为滑环提供弹性预压力，在介质压力等于零时构成密封，由于密封间隙靠滑环，而不是 O 形密封圈，因此摩擦阻力小而且稳定，可以用于 40MPa 的高压。往复运动密封时，速度可达 15m/s；往复摆动与螺旋运动密封时，速度可达 5m/s。矩形滑环组合密封的缺点是抗侧倾能力稍差，在高低压交变的场合下工作时容易漏油。

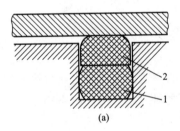
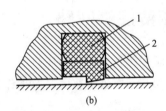

图 6-27　组合式密封装置

1—O 形密封圈；2—滑环

图 6-27(b) 所示为由滑环 2 和 O 形密封圈 1 组成的轴用组合密封，由于滑环与被密封件之间为线密封，其工作原理类似唇边密封。滑环采用一种经特别处理的化合物，具有极佳的耐磨性、低摩擦和保形性，不存在橡胶密封低速时易产生的"爬行"现象，工作压力可达 80MPa。

组合式密封装置由于充分发挥了橡胶密封圈和滑环的长处，因此不仅工作可靠，摩擦力低而稳定，而且使用寿命比普通橡胶密封提高近百倍，在工程上的应用日益广泛。

第 7 章 液压基本回路

任何一个液压系统，无论它所要完成的动作有多么复杂，总是由一些液压基本回路组成的。所谓液压基本回路，就是由一些液压元件组成的，用来完成特定功能的油路结构。例如用来调节液压泵供油压力的调压回路，改变液压执行元件工作速度的调速回路等，都是常见的液压基本回路。

液压基本回路可分为速度控制回路、压力控制回路、方向控制回路、多缸动作控制回路等类型。熟悉和掌握这些基本回路的组成、工作原理及应用，是分析、设计和使用液压系统的基础。

7.1 速度控制回路

速度控制回路包括调节液压执行元件的速度的调速回路、使之获得快速运动的快速回路、快速运动和工作进给速度以及工作进给速度之间的速度换接回路等。

7.1.1 调速回路

从液压马达的工作原理可知，液压马达的转速 n_m 由输入流量 q 和液压马达的排量 V_m 决定，即 $n_m = q/V_m$；液压缸的运动速度 v 由输入流量 q 和液压缸的有效作用面积 A 决定，即 $v = q/A$。

通过上面的关系可以知道，要想调节液压马达的转速 n_m 或液压缸的运动速度 v，可通过改变输入流量 q、改变液压马达的排量 V 和改变缸的有效作用面积 A 等方法来实现。由于液压缸的有效面积 A 是定值，只有改变流量 q 的大小来调速，而改变输入流量 q，可以通过采用流量阀或变量泵来实现，改变液压马达的排量 V_m，可通过采用变量液压马达来实现。

调速回路主要有以下三种形式。

① 节流调速回路：由定量泵供油，用流量阀调节进入或流出执行机构的流量来实现调速。

② 容积调速回路：用调节变量泵或变量马达的排量来调速。

③ 容积节流调速回路：用限压变量泵供油，由流量阀调节进入执行机构的流量，并使变量泵的流量与调节阀的调节流量相适应来实现调速。

(1) 节流调速回路

节流调速回路是由定量泵、溢流阀和流量阀组成的调速回路，其基本原理是通过调节流量阀的通流截面积大小来改变进入执行机构的流量，从而实现运动速度的调节。

节流调速回路有不同的分类方法。按流量阀在回路中位置的不同，可分为进油节流调速回路、出油节流调速回路、进出油节流调速回路和旁路节流调速回路。按流量阀的类型不同可分为普通节流阀式节流调速回路和调速阀式节流调速回路。按定量泵输出的压力是否随负载变化，又可分为定压式节流调速回路和变压式节流调速回路等。

① 进油节流调速回路。将节流阀串联在液压泵和液压缸之间，用它来控制进入液压缸的流量达到调速目的，定量泵多余油液通过溢流阀回油箱，这种回路称为进油节流调速回路，如图 7-1 所示。

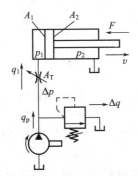

图 7-1　进油节流调速回路

a. 速度负载特性。在图 7-1 所示的进油节流调速回路中，q_p 为泵的输出流量，q_1 为流经节流阀进入液压缸的流量，Δq 为溢流阀的溢流量，p_1 和 p_2 为液压缸无杆腔及有杆腔的工作压力，p_p 为泵的出口压力即溢流阀调定压力，A_1 和 A_2 为液压缸两腔作用面积，A_T 为节流阀的通流面积，F 为负载力。

当不考虑回路中各处的泄漏和油液的压缩时，活塞运动速度为

$$v = \frac{q_1}{A_1} \tag{7-1}$$

活塞受力平衡方程为

$$p_1 A_1 = p_2 A_2 + F \tag{7-2}$$

由于液压缸回油腔与油箱相通，$p_2 = 0$，于是

$$p_1 = \frac{F}{A_1} \tag{7-3}$$

进油路上通过节流阀的流量方程为

$$q_1 = CA_T(\Delta p)^\varphi = CA_T(p_p - p_1)^\varphi = CA_T\left(p_p - \frac{F}{A_1}\right)^\varphi \tag{7-4}$$

于是

$$v = \frac{q_1}{A_1} = \frac{CA_T}{A_1^{1+\varphi}}(p_p A_1 - F)^\varphi \tag{7-5}$$

式中，C 为流量系数；A_T 为节流阀的开口面积；Δp 为节流阀前后的压差；φ 为节流阀的指数。

式(7-5)即为进油节流调速回路的速度负载特性方程,它描述了执行元件的速度 v 与负载 F 和节流阀的开口面积 A_T 之间的关系。如以 v 为纵坐标,F 为横坐标,按节流阀不同的通流面积 A_T 作图,可得一组抛物线,称为进油路节流调速回路的速度负载特性曲线,如图 7-2 所示。

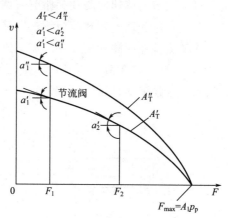

图 7-2 速度-负载特性曲线

可知:v 与 A_T、F 有关。当 A_T 一定时,F 上升可使 v 下降;同样的 F,A_T 上升可使 v 上升。

b. 速度刚性。当节流阀的通流面积一定时,活塞速度随负载变化的程度不同,表现出速度抗负载作用的能力也不同,这种特性称为回路的速度刚性,可以用图 7-2 中曲线的斜率来表示,即

$$k_v = -\frac{\partial F}{\partial V} = -\frac{1}{\tan\alpha} \tag{7-6}$$

即

$$k_v = -\frac{\partial F}{\partial V} = \frac{A_1^{1+\varphi}}{CA_{T1}(p_pA_1-F)^{\varphi-1}\varphi} = \frac{p_pA_1-F}{\varphi v} \tag{7-7}$$

由式(7-7)可以看到,当节流阀通流面积 A_T 一定时,负载 F 越小,回路的速度刚性 k_v 越大;当负载 F 一定时,活塞速度越低,速度刚性越大。增大 p_p 和 A_1 可以提高回路的速度刚性 k_v。所以,这种调速回路适用于低速轻载的场合。

c. 最大承载能力。当负载 $F=0$ 时,活塞的运动速度为空载速度,该点为速度负载特性曲线与纵坐标的交点,当阀的通流面积 A_T 变化时,该点在纵坐标上相应变化。无论节流阀通流面积 A_T 怎么变化,当负载 F 由 0 变化到 $F=p_pA_1$,节流阀进出口压差为零时,活塞的运动速度 $v=0$,此时液压泵的流量全部经溢流阀流回油箱。当节流阀前后的压力差为零,即 $p_1=p_p$,且 $p_2=0$,此时液压缸的速度为零,该回路的最大承载能力为

$$F_{\max} = p_pA_1 \tag{7-8}$$

尽管节流阀有不同的通流面积 A_T,但其速度负载特性曲线均交于图 7-2 的 $F_{\max}$ 点。

d. 功率和效率。在图 7-1 所示的回路中,液压泵输出功率 $P_p=p_pq_p=$ 常量,液压缸输出的有效功率 $P_1=Fv=Fq_1/A_1=p_1q_1$,式中 q_1 为负载流量,即进入液压缸的流量。回路的功率损失为

$$\Delta P = P_p - P_1 = p_p q_p - p_1 q_1 = p_p(q_1 + \Delta q) - (p_p - \Delta p)q_1 = p_p \Delta q + \Delta p q_1 \quad (7\text{-}9)$$

回路的功率损失由两部分组成，溢流损失 $\Delta P_1 = p_p \Delta q$ 和节流损失 $\Delta P_2 = \Delta p q_1$，回路的输出功率与输入功率之比定义为回路效率。

$$\eta = \frac{P_p - \Delta P}{P_p} = \frac{p_1 q_1}{p_p q_p} \quad (7\text{-}10)$$

由于存在两种功率损失，回路的效率较低，尤其是在低速小负载情况下，效率更低，并且此时的功率损失主要是溢流功率损失 ΔP_1，这些功率损失会造成液压系统发热，引起系统油温升高。

对回油节流调速回路，可以采用与进油路节流调速回路同样的方法进行相关分析。

② 旁路节流调速回路。旁路节流调速回路如图 7-3 所示，这种节流调速回路节流阀装在液压缸并联支路上，从定量泵输出的流量 q_p，一部分（q_T）通过节流阀流回油箱，一部分（q_1）直接进入液压缸，使得活塞获得一定的运动速度。调节节流阀的通流面积 A_T，可调节 q_T 的大小，这样间接控制了进入液压缸的流量 q_1，从而实现调速。由于溢流阀直接与液压缸和定量泵并联，液压缸负载的变化将直接影响到溢流阀的进口压力，故正常工作时溢流阀处于关闭状态，溢流阀在回路中作安全阀用，其调定压力为最大负载压力的 1.1~1.2 倍，只有在回路过载时，溢流阀才开启溢流。液压泵的供油压力 p_p 将随负载压力变化，不是一个定值，因此这种调速回路也称为变压节流调速回路。

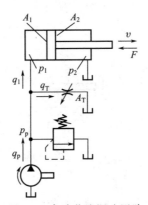

图 7-3　旁路节流调速回路

旁路节流调速的效率较高，调速范围较小，速度负载特性较差，这种调速回路一般用于功率较大、速度较高、调速范围不大、对速度稳定性要求不高的场合。

③ 改善节流调速性能的回路。采用节流阀的节流调速回路速度刚性差，主要是由于负载力的变化会造成节流阀前后压差的变化，即使节流阀通流面积 A_T 没有变化，也会引起通过节流阀的流量发生变化。在负载变化较大而又要求速度稳定时，这种调速回路无法满足要求。此外，回路为手动开环控制，无法实现随机调节。为改善节流调速回路的性能，可选用以下回路。

a. 采用调速阀的调速回路。如果在节流调速回路中用调速阀代替节流阀，回路的性能将大为提高。在三种采用节流阀的节流调速回路中，在它们对应的节流阀处置换成调速阀，就变成了采用调速阀的节流调速回路，它们的回路构成、工作原理同它们各自对应的节流阀调速回路基本一样。

由于调速阀能在负载变化引起调速阀进出口压力差变化的情况下,保证调速阀中节流阀节流口两端的压差基本不变,如果此刻不改变调速阀开度大小,负载的变化对通过调速阀的流量几乎没有影响,因而回路的速度-负载特性有了显著改善。与普通节流阀一样,调速阀仍为手动调节,不能在回路工作时实现随机调节。

b. 采用电液比例流量阀的调速回路。采用电液比例流量阀替代普通流量阀调速,由于电液比例流量阀能始终保证阀芯输出位移与输入电信号成正比,因此较普通流量阀有更好的位移调节特性和抗负载干扰能力,回路的速度稳定性更高。

(2) 容积调速回路

通过改变液压泵或液压马达排量,使液压泵的全部流量直接进入执行元件来调节执行元件运动速度的回路,称为容积调速回路。根据液压泵与液压马达(缸)的组合不同,容积调速回路分为变量泵-定量马达(缸)调速回路、定量泵-变量马达调速回路、变量泵-变量马达调速回路三种形式。

由于容积调速回路中没有流量控制元件,回路工作时液压泵与执行元件(马达或缸)的流量完全匹配,因此这种回路没有溢流损失和节流损失,回路的效率高,发热少,适用于大功率液压系统。

① 变量泵-液压缸式容积调速回路。如图7-4所示为变量泵-液压缸式容积调速回路,回路正常工作时溢流阀处于关闭状态,作安全阀用。工作时泵1的出口压力由负载 F 决定,当负载不变时泵输出的推力不变,与活塞速度的快慢无关,因此这种调速回路称为恒推力调速回路。

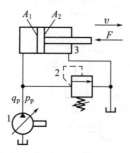

图 7-4 变量泵-液压缸式容积调速回路
1—单向变量泵;2—溢流阀;3—液压缸

② 变量泵-定量马达式容积调速回路。如图7-5所示为变量泵-定量马达式容积调速回路。回路中高压管路上溢流阀4作为安全阀使用,防止回路过载;低压管路上并联一个低压小流量的辅助泵1,用来补充变量泵3和定量马达5的泄漏量,辅助泵的供油压力由低压溢流阀6调定;辅助泵1与溢流阀6使回路的低压管路始终保持一定压力,不仅改善了主泵的吸油条件,而且可置换部分发热油液,降低系统温升。

回路中液压泵3的转速 n_p 和液压马达5的排量 V_m 为常量,改变泵3的排量 V_p 可使马达转速 n_m 和输出功率 P_m 成比例变化。这种回路的调速范围取决于变量泵的流量调节范围,调速范围宽。

③ 定量泵-变量马达闭式容积调速回路。如图7-6所示为定量泵变量马达式容积调速回路。定量泵1的输出流量不变,改变变量马达3的排量 V_m 可使马达转速 n_m 变化。溢

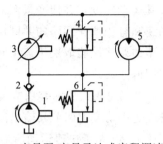

图 7-5　变量泵-定量马达式容积调速回路
1—单向定量泵；2—单向阀；3—单向变量泵；4,6—溢流阀；5—单向定量马达

流阀 2 作为安全阀使用，防止回路过载；泵 4 是补油泵，用来补充泵 1 和马达 3 的泄漏量，泵 4 的供油压力低压由溢流阀 5 调定。

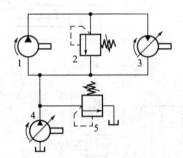

图 7-6　定量泵-变量马达式容积调速回路
1—单向定量泵；2—安全阀；3—单向变量马达；4—液压泵；5—溢流阀

这种回路调速范围很小，不能用来使马达实现平稳的反向调速，一般很少单独使用。

④ 变量泵-变量马达式容积调速回路。如图 7-7 所示为变量泵-变量马达式容积调速回路。这种调速回路是上述两种调速回路的组合。由于泵和马达的排量均可改变，故增大了调速范围，并扩大了液压马达输出转矩和功率的选择余地。回路中各元件对称布置，变换泵的供油方向，即实现马达正反向旋转。单向阀 4 和 5 用于辅助单向定量泵 3 双向补油，单向阀 6 和 7 使溢流阀 8 在两个方向都起过载保护作用。

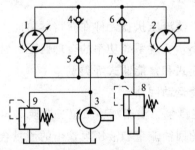

图 7-7　变量泵-变量马达式容积调速回路
1—双向变量泵；2—双向变量马达；3—单向定量泵；4~7—单向阀；8,9—溢流阀

(3) 容积节流调速回路

容积节流调速回路的基本工作原理是采用压力补偿型变量泵供油，用流量控制阀调节

进入或流出液压缸的流量来调节其运动速度，并使变量泵的输油量自动与液压缸所需流量相适应。因此它同时具有节流调速和容积调速回路的共同优点。这种调速回路工作时只有节流损失，回路的效率较高；回路的调速性能取决于流量阀的调速性能，与变量泵泄漏无关，因此回路的低速稳定性比容积调速回路好。

如图 7-8 所示为限压式变量泵与调速阀组成的容积节流调速回路。在图示位置，液压缸 4 活塞快速向右运动，泵 1 按快速运动要求调节其输出流量 q_{max}，同时调节限压式变量泵的压力调节螺钉，使泵的限定压力 p_c 大于快速运动所需压力。当换向阀 3 通电时，泵输出的压力油经调速阀 2 进入液压缸 4，其回油经背压阀 5 回油箱。调节调速阀 2 的流量 q_1 就可调节活塞的运动速度 v，由于 $q_1 < q_p$，压力油迫使泵的出口与调速阀进口之间的油压升高，即泵的供油压力升高，泵的流量便自动减小到 $q_p \approx q_1$ 为止。

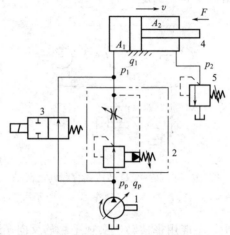

图 7-8 限压式变量泵与调速阀组成的容积节流调速回路

这种调速回路的运动稳定性、速度负载特性、承载能力和调速范围均与采用调速阀的节流调速回路相同。此回路只有节流损失而无溢流损失，具有效率较高、调速较稳定、结构较简单等优点。目前已广泛应用于负载变化不大的中、小功率组合机床的液压系统中。

7.1.2 快速运动回路

快速运动回路的功用在于使液压执行元件在获得尽可能大的工作速度的同时，能够使液压系统的输出功率尽可能小，实现系统功率的合理匹配。常见的快速运动回路有差动连接式、双泵供油式、充液增速式和蓄能器式等类型。

(1) 液压缸差动连接快速运动回路

如图 7-9 所示，回路由定量泵、溢流阀、二位三通换向阀和单杆液压缸组成。换向阀处于右位时，液压缸有杆腔的回油流量和液压泵输出的流量合在一起共同进入液压缸无杆腔，使活塞快速向右运动。这种回路结构简单，应用较多，但由于液压缸的结构限制，液压缸的速度加快有限，有时不能满足快速运动的要求，常常需要和其他方法联合使用。

(2) 双泵供油快速运动回路

如图 7-10 所示，在回路中用低压大流量泵 1 和高压小流量泵 2 组成的双联泵作动力源；外控顺序阀 3 和溢流阀 5 分别设定双泵供油及小流量泵 2 供油时系统的最高工作压力。当换向阀 6 处于图示位置时，由于空载时负载很小、系统压力很低，阀 3 处于关闭状态，低压大流量泵 1 的输出流量顶开单向阀 4，与泵 2 的流量汇合实现两个泵同时向系统供油，活塞快速向右运动，此时尽管回路的流量很大，但由于负载很小，回路的压力很低，所以回路输出的功率并不大；当换向阀 6 处于右位时，由于节流阀 7 的节流作用，造成系统压力达到或超过阀 3 的调定压力，使阀 3 打开，大流量泵 1 经过阀 3 卸荷，单向阀 4 自动关闭，将泵 2 与泵 1 隔离，只有小流量泵 2 向系统供油，活塞慢速向右运动，溢流阀 5 处于溢流状态，保持系统压力基本不变。

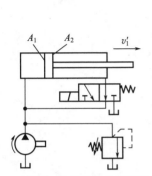

图 7-9　液压缸差动连接快速运动回路

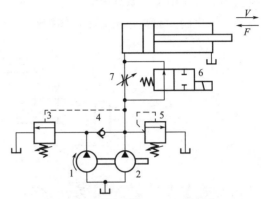

图 7-10　双泵供油快速运动回路

采用双泵供油的快速运动回路在回路获得很高速度的同时，回路输出的功率较小，使液压系统功率匹配合理。

(3) 充液快速运动回路

当回路快速运动需要的流量很大时，直接用液压泵供油不经济，这时往往采用从油箱中直接向回路充液补油的方法获得快速运动，该类回路称为充液快速运动回路。

如图 7-11 所示为采用自重充液快速运动回路，当手动换向阀 1 右位接入回路时，由于运动部件的自重作用，使活塞快速下降，其下降速度由单向节流阀 2 控制。此时因液压泵供油不足，液压缸上腔将会出现负压，此时，安置在机器设备顶部的充液油箱 4 在油液自重和大气压力的作用下，通过液控单向阀（充液阀）3 向液压缸上腔补油；当运动部件接触到工件造成负载增加时，液压缸上腔压力升高，充液阀 3 关闭，此时只靠液压泵供

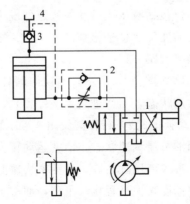

图 7-11　采用自重充液快速运动回路

油，使活塞运动速度降低。回程时，换向阀1左位接入回路，压力油进入液压缸下腔，同时打开充液阀3，液压缸上腔低压回油进入充液油箱4。为防止活塞快速下降时液压缸上腔吸油不充分，充液油箱常被充压油箱代替，实现强制充液。这种回路用于垂直运动部件质量较大的液压机系统。

(4) 采用蓄能器的快速运动回路

在图7-12所示回路中，当用流量较小的液压泵供油，而系统中短期需要大流量时，换向阀5处于左位或右位工作，泵1和蓄能器4共同向液压缸6供油，使其实现快速运动。当换向阀5处于中位，系统停止工作时，这时泵经单向阀2向蓄能器供油，蓄能器压力升高至液控顺序阀3的调定压力时，液控顺序阀3被打开，使液压泵卸荷。

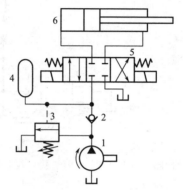

图7-12 蓄能器快速运动回路
1—泵；2—单向阀；3—液控顺序阀；4—蓄能器；5—换向阀；6—液压缸

这种快速回路可用较小流量的泵获得较高的运动速度，但蓄能器充油时，液压缸必须停止工作，在时间上有些浪费。采用蓄能器的快速运动回路适用于某些间歇工作且停留时间较长的液压设备和某些工作速度存在快、慢两种情况的液压设备。根据系统工作循环要求，合理地选取液压泵的流量、蓄能器的工作压力范围和容积，可获得较高的回路效率。

7.1.3 速度换接回路

使液压执行机构在一个工作循环中从一种运动速度变换到另一种运动速度的回路，称为速度换接回路。这类回路不仅包括液压执行元件快速到慢速的换接，而且包括两个慢速之间的换接；同时应具有较高的速度换接平稳性。

(1) 采用行程阀的速度换接回路

采用行程阀的速度换接回路如图7-13所示，当换向阀处于图示位置时，节流阀不起作用，液压缸活塞处于快速运动状态，当快进到预定位置时，与活塞杆刚性相连的行程挡块压下行程阀1（二位二通机动换向阀），行程阀关闭，液压缸右腔油液必须通过节流阀2后才能流回油箱，回路进入回油节流调速状态，活塞运动转为慢速工进。当换向阀左位接入回路时，压力油经单向阀3进入液压缸右腔，使活塞快速向左返回，在返回的过程中逐步将行程阀1放开。这种回路速度切换过程比较平稳，冲击小，换接点位置准确，换接可靠。但受结构限制，行程阀安装位置不能任意布置，管路连接较为复杂。

(2) 采用电磁阀的速度换接回路

采用电磁阀的速度换接回路如图 7-14 所示,1YA、3YA 通电时,液压缸的活塞快进,3YA 断电,活塞由快进转为工进,实现速度换接。该回路可通过行程挡块压下电气行程开关来操纵电磁换向阀,这种方式由于不需要用行程挡铁直接碰行程阀,因此电磁阀的安装灵活、油路连接方便,但速度换接的平稳性、可靠性和换接精度相对较差。

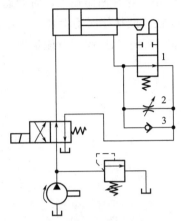
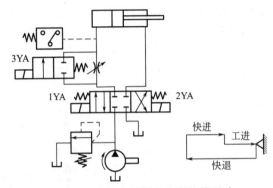

图 7-13 采用行程阀的速度换接回路　　　图 7-14 采用电磁阀的速度换接回路

(3) 两个调速阀并联式速度换接回路

对于某些自动机床、注塑机等,需要在自动工作循环中变换两种以上的工作进给速度,这时需要采用两种(或多种)工作进给速度的换接回路。

如图 7-15 所示是两个调速阀并联式速度换接回路。液压泵输出的压力油经调速阀 3 和电磁换向阀 5 进入液压缸。当需要第二种工作进给速度时,电磁换向阀 5 通电,其右位接入回路,液压泵输出的压力油经调速阀 4 和电磁换向阀 5 进入液压缸。这种回路中两个调速阀的节流口可以单独调节,互不影响,即第一种工作进给速度和第二种工作进给速度互相间没有什么限制。但一个调速阀工作时,另一个调速阀中没有油液通过,它的减压阀则处于完全打开的位置,在速度换接开始的瞬间不能起减压作用,容易出现部件突然前冲的现象。

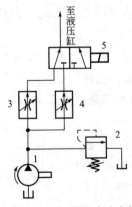

图 7-15 两个调速阀并联式速度换接回路
1—泵;2—溢流阀;3,4—调速阀;5—电磁换向阀

(4) 两个调速阀串联式速度换接回路

如图 7-16 所示是两个调速阀串联式速度换接回路。图中液压泵输出的压力油经调速阀 3 和电磁换向阀 5 进入液压缸，这时的流量由调速阀 3 控制。当需要第二种工作进给速度时，电磁换向阀 5 通电，其右位接入回路，则液压泵输出的压力油先经调速阀 3，再经调速阀 4 进入液压缸，这时的流量应由调速阀 4 控制，所以这种回路中调速阀 4 的节流口应调得比调速阀 3 小，否则调速阀 4 速度换接回路将不起作用。这种回路在工作时调速阀 3 一直工作，它限制着进入液压缸或调速阀 4 的流量，因此在速度换接时不会使液压缸产生前冲现象，换接平稳性较好。在调速阀 4 工作时，油液需经两个调速阀，故能量损失较大，系统发热也较大。

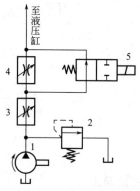

图 7-16 两个调速阀串联式速度换接回路
1—泵；2—溢流阀；3,4—调速阀；5—电磁换向阀

7.2 压力控制回路

压力控制回路是液压控制系统中的基本回路，它利用压力阀、变量泵等元件控制系统中的压力，实现调压、稳压、减压、增压、卸载等功能，以满足执行元件对力或转矩的要求。

根据压力控制在液压回路中的部位，可将压力控制回路分为三类。

① 一次压力控制回路，即泵输出压力的控制，包括调压回路（供油压力控制回路）、卸载回路。

② 二次压力控制回路（由一次压力产生另一次压力），包括减压回路、增压回路。

③ 执行元件中的压力控制回路，包括保压回路和力、力矩控制回路等。

在实际的液压控制回路中，有些回路兼备以上①、②或②、③的功能。

7.2.1 调压回路

调压回路用来调定或限制液压系统的最高工作压力，或者使执行元件在工作过程的不同阶段能够实现多种不同的压力变换。

(1) 溢流阀单级调压回路

如图 7-17 所示为溢流阀单级调压回路，该回路由定量泵、溢流阀、液压缸构成，是最基本的调压回路。

（2）多级远程调压回路

如图 7-18 所示为多级远程调压回路，将主溢流阀的远程控制口与三位四通电磁换向阀及几个远程调压阀相连，通过换向阀进行油路切换，从而获得多级供油压力。

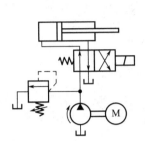

图 7-17 溢流阀单级调压回路

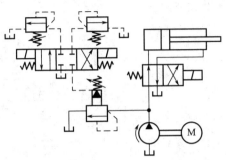

图 7-18 多级远程调压回路

7.2.2 卸荷回路

卸荷回路的功用是在液压泵驱动电动机不频繁启闭的情况下，使液压泵在功率输出接近于零时运转，以减少功率损耗，降低系统发热，延长泵和电动机的寿命。液压泵的输出功率等于压力和流量的乘积，因此使液压系统卸荷有两种方法：一种是将液压泵出口的流量通过液压阀的控制直接接回油箱，使液压泵在接近零压的状况下输出流量，这种卸荷方式称为压力卸荷；另一种是使液压泵在输出流量接近零的状态下工作，此时尽管液压泵工作的压力很高，但其输出流量接近零，液压功率也接近零，这种卸荷方式称为流量卸荷。

（1）采用主换向阀中位机能的卸荷回路

在定量泵系统中，利用三位换向阀 M、H、K 型等中位机能的结构特点，可以实现泵的压力卸荷，如图 7-19 所示为采用换向阀中位机能的卸荷回路。这种卸荷回路的结构简单，但当压力较高、流量大时易产生冲击，一般用于低压小流量场合。当流量较大时，可用液动或电液换向阀来卸荷，但应在其回油路上安装一个单向阀（作背压阀用），使回路在卸荷状况下，能够保持有 0.3～0.5MPa 控制压力，实现卸荷状态下对电液换向阀的操纵，但这样会增加一些系统的功率损失。

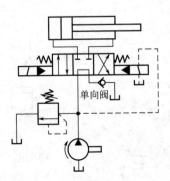

图 7-19 采用主换向阀中位机能的卸荷回路

(2) 采用二位二通电磁换向阀的卸荷回路

如图 7-20 所示为采用二位二通电磁换向阀的卸荷回路。在这种卸荷回路中，主换向阀的中位机能为 O 型，利用与液压泵和溢流阀同时并联的二位二通电磁换向阀的通与断，实现系统的卸荷与保压功能，但要注意二位二通电磁换向阀的压力和流量参数要完全与对应的液压泵相匹配。

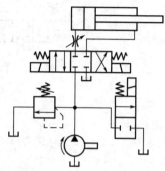

图 7-20　采用二位二通电磁换向阀的卸荷回路

(3) 采用先导型溢流阀和电磁阀组成的卸荷回路

如图 7-21 所示是采用先导型溢流阀和电磁阀组成的卸荷回路。当先导型溢流阀的远控口通过二位二通电磁阀接通油箱时，此时液压泵输出的油液以很低的压力经溢流阀主阀口回油箱，实现泵的卸荷。这种卸荷回路可以实现远程控制，同时二位二通电磁阀可选用小流量规格，其卸荷时的压力冲击较采用二位二通电磁换向阀直接卸荷的冲击小很多。

(4) 利用卸荷阀的卸荷回路

如图 7-22 所示为利用卸荷阀的卸荷回路。当电磁铁 1YA 得电时，泵和蓄能器同时向液压缸左腔供油，推动活塞右移，接触工件后，系统压力升高。当系统压力升高到外控式顺序阀 1 的调定值时，卸荷阀打开，液压泵通过卸荷阀卸荷，而系统压力用蓄能器保持。若蓄能器压力降低到允许的最小值时，卸荷阀关闭，液压泵重新向蓄能器和液压缸供油，以保证液压缸左腔的压力是在允许的范围内。图中的溢流阀 2 是当安全阀用。

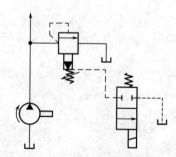

图 7-21　采用先导型溢流阀和电磁阀组成的卸荷回路

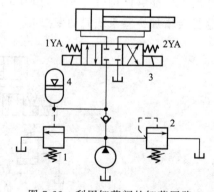

图 7-22　利用卸荷阀的卸荷回路
1—外控式顺序阀；2—溢流阀；3—换向阀；4—蓄能器

7.2.3 减压回路

减压回路的功能在于使系统某一支路上具有低于系统压力的稳定工作压力。如在机床的工件夹紧、导轨润滑及液压系统的控制油路中常需用减压回路。

减压回路的基本构成是单向阀、溢流阀、减压阀和液压缸。如图 7-23 所示是最常见的减压回路，在所需低压的分支路上串接一个减压阀 2，减压并保持恒定。回路中的单向阀 3 用于防止当主油路压力由于某种原因低于减压阀的调定值时，使液压缸 4 的压力受干扰而突然降低，能短时保压。

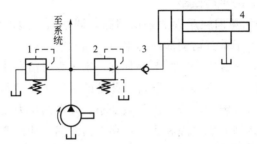

图 7-23 最常见的减压回路
1—溢流阀；2—减压阀；3—单向阀；4—液压缸

要使减压阀能稳定工作，其最低调整压力应高于 0.5MPa，最高调整压力应至少比系统压力低 0.5MPa。由于减压阀工作时存在阀口压力损失和泄漏口的容积损失，因此这种回路不宜在需要压力降低很多或流量较大的场合使用。

7.2.4 增压回路

当液压系统需要更高压力等级的油源时，可以通过增压回路等方法实现这一要求。增压回路用来使系统中某一支路获得比系统压力更高的压力油源，增压回路中实现油液压力放大的主要元件是增压缸，增压缸的增压比取决于增压缸大、小活塞的面积之比。

如图 7-24 所示是单作用增压回路，它适用于单向作用力大、行程小、作业时间短的场合，如制动器、离合器等。其工作原理如下：当换向阀处于右位时，增压缸 1 输出压力

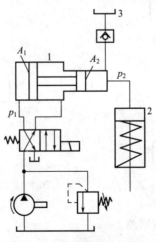

图 7-24 单作用增压回路

为 $p_2=p_1A_1/A_2$ 的压力油进入工作缸 2；当换向阀处于左位时，工作缸 2 靠弹簧力回程，高位油箱 3 的油液在大气压力作用下经油管顶开单向阀向增压缸 1 右腔补油。采用这种增压方式，液压缸不能获得连续稳定的高压油源。

7.2.5 平衡回路

平衡回路的功能在于使液压执行元件的回油路上始终保持一定的背压力，以平衡执行机构重力负载对液压执行元件的作用力，使之不会因自重而自行下滑。常见的平衡回路有以下几种。

(1) 采用单向顺序阀的平衡回路

如图 7-25 所示是采用单向顺序阀的平衡回路，调整顺序阀，使其开启压力与液压缸下腔作用面积的乘积稍大于垂直运动部件的重力。当活塞下行时，由于回油路上存在一定的背压来支承重力负载，只有在活塞的上部具有一定压力时活塞才会平稳下落；当换向阀处于中位时，活塞停止运动，不再继续下行。此处的顺序阀又被称作平衡阀。在这种平衡回路中，顺序阀调整压力调定后，若工作负载变小，则泵的压力需要增加，将使系统的功率损失增大。由于滑阀结构的顺序阀和换向阀存在内泄漏，使活塞很难长时间稳定停在任意位置，故这种回路适用于工作负载固定且液压缸活塞锁定定位要求不高的场合。

(2) 采用液控单向阀的平衡回路

如图 7-26 所示为采用液控单向阀的平衡回路。由于液控单向阀 1 为锥面密封结构，其闭锁性能好，因此能够保证活塞较长时间在停止位置处不动。在回油路上串联单向节流阀 2，用于保证活塞下行运动的平稳性。假如回油路上没有串联单向节流阀 2，活塞下行时液控单向阀 1 被进油路上的控制油打开，回油腔因没有背压，运动部件由于自重而加速下降，造成液压缸上腔供油不足而压力降低，使液控单向阀 1 因控制油路降压而关闭，加速下降的活塞突然停止；液控单向阀 1 关闭后控制油路又重新建立起压力，液控单向阀 1 再次被打开，活塞再次加速下降，这样不断重复，由于液控单向阀时开时闭，使活塞一路抖动向下运动，会产生强烈的噪声、振动和冲击。

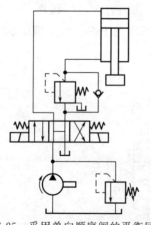
图 7-25 采用单向顺序阀的平衡回路

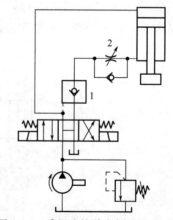
图 7-26 采用液控单向阀的平衡回路

(3) 采用远控平衡阀的平衡回路

在工程机械液压系统中常采用图 7-27 所示的远控平衡阀的平衡回路。这种远控平衡阀是一种特殊阀口结构的外控顺序阀,它不但具有很好的密封性,能起到对活塞长时间的锁闭定位作用,而且阀口开口大小能自动适应不同载荷对背压压力的要求,保证了活塞下降速度的稳定性不受载荷变化影响。这种远控平衡阀又称为限速锁。

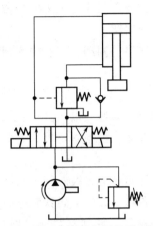

图 7-27 采用远控平衡阀的平衡回路

7.2.6 保压回路

保压回路的功能在于使系统在液压缸加载不动或因工件变形而产生微小位移的工况下能保持稳定不变的压力,并且使液压泵处于卸荷状态。保压性能的两个主要指标为保压时间和压力稳定性。

如图 7-28 所示是自动补油的保压回路,它利用了液控单向阀结构简单并具有一定保压性能的长处,避开了直接用泵供油保压而大量消耗功率的缺点。当换向阀右位接入回路时活塞下降加压,当压力上升到压力表上限触点调定压力时,压力表发出电信号,使换向阀中位接入回路,泵卸荷,液压缸由液控单向阀保压;当压力下降至压力表下限触点调定压力时,压力表发出电信号,使换向阀右位接入回路,泵又向液压缸供油,使压力回升。这种回路保压时间长,压力稳定性高,液压泵基本处于卸荷状态,系统功率损失小。

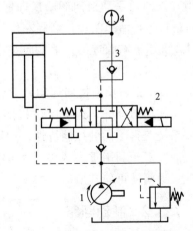

图 7-28 自动补油的保压回路

1—液压泵;2—换向阀;3—液控单向阀;4—压力表

7.3 方向控制回路

通过控制进入执行元件液流的通、断或变向来实现液压系统执行元件的启动、停止或改变运动方向的回路称为方向控制回路。

常用的方向控制回路有换向回路、制动回路和锁紧回路。

7.3.1 换向回路

液压系统中执行元件运动方向的变换一般由换向阀实现,根据执行元件换向的要求,可采用二位(或三位)四通(或五通)控制阀,控制方式可以是人力、机械、电动、液动和电液动等。

图 7-29(a) 所示的是采用二位四通电磁换向阀的换向回路。当电磁铁通电时,压力油进入液压缸左腔,推动活塞杆向右移动;当电磁铁断电时,弹簧力使阀芯复位,压力油进入液压缸右腔,推动活塞杆向左移动。此回路只能停留在缸的两端,不能停留在任意位置上。

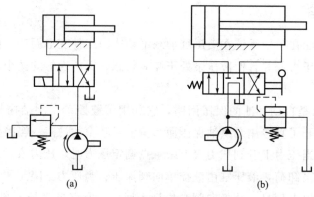

图 7-29 采用换向阀的换向回路

图 7-29(b) 所示的是采用三位四通手动换向阀的换向回路。当阀处于中位时,M 型滑阀机能使泵卸荷,缸两腔油路封闭,活塞制动;当阀左位工作时,液压缸左腔进油,活塞向右移动;当阀右位工作时,液压缸右腔进油,活塞向左移动。此回路可以使执行元件在任意位置停止运动。

二位换向阀只能使执行元件实现正、反向换向运动;三位换向阀除了能够实现正、反向换向运动外,还有中位机能,不同的滑阀中位机能可使系统获得不同的控制特性,如锁紧、卸荷、浮动等。

对于利用重力或弹簧力回程的单作用液压缸,用二位三通阀就可使其换向,如图 7-30 所示。

7.3.2 制动回路

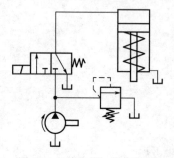

图 7-30 单作用缸换向回路

制动回路的功能在于使执行元件平稳地由运动状态转换成静止状态。要求对油路中出现的异常高压和负压的情况能做出迅速反应，并应使制动时间尽可能短，冲击尽可能小。

如图7-31所示为采用溢流阀的液压缸制动回路。在液压缸两侧油路上设置反应灵敏的小型直动型溢流阀2和4，换向阀切换时，活塞在溢流阀2或4的调定压力值下实现制动。如活塞向右运动换向阀突然切换时，活塞右侧油液压力由于运动部件的惯性而突然升高，当压力超过溢流阀4的调定压力，溢流阀4打开溢流，缓和管路中的液压冲击，同时液压缸左腔通过单向阀3补油。活塞向左运动，由溢流阀2和单向阀5起缓冲和补油作用。缓冲溢流阀2和4的调定压力一般比主油路溢流阀1的调定压力高5%～10%。

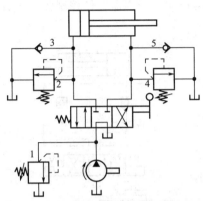

图7-31　采用溢流阀的液压缸制动回路

7.3.3　锁紧回路

锁紧回路又称闭锁回路，用以实现使执行元件在任意位置上停止，并防止在受力的情况下发生移动。常用的锁紧回路有以下两种。

(1) 采用三位换向阀O型或M型中位机能的锁紧回路

如图7-32所示为采用三位四通O型中位机能换向阀的锁紧回路，当两电磁铁均断电时，弹簧使阀芯处于中间位置，液压缸的两个工作油口被封闭。由于液压缸两个腔都充满油液，而油液又是不可压缩的，所以向左或向右的外力均不能使活塞移动，活塞被双向锁紧。若采用三位四通M型中位机能换向阀，则具有相同的锁紧功能。不同的是前者液压泵不卸荷，并联的其他执行元件运动不受影响，后者的液压泵卸荷。

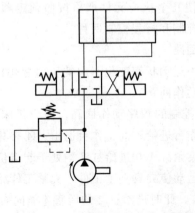

图7-32　采用三位四通O型中位机能换向阀的锁紧回路

这种闭锁回路结构简单，但由于换向阀密封性差，存在泄漏，所以闭锁效果较差。

(2) 采用液控单向阀的锁紧回路

如图 7-33 所示是采用液控单向阀的锁紧回路。在液压缸的进、回油路中都串接液控单向阀，活塞可以在行程的任何位置锁紧。其锁紧精度只受液压缸内少量的内泄漏影响，因此，锁紧精度较高。采用液控单向阀的锁紧回路，换向阀的中位机能应使液控单向阀的控制油液卸压（换向阀采用 H 型或 Y 型），此时，液控单向阀便立即关闭，活塞停止运动。假如采用 O 型中位机能，在换向阀中位时，由于液控单向阀的控制腔压力油被闭死而不能使其立即关闭，直至由换向阀的内泄漏使控制腔泄压后，液控单向阀才能关闭，影响其锁紧精度。

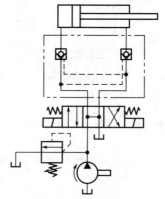

图 7-33 采用液控单向阀的锁紧回路

7.4 多缸动作控制回路

在液压系统中，如果由一个液压源给多个执行元件供油，各执行元件会因回路中压力、流量的相互影响而在动作上受到牵制。可以通过压力、流量、行程控制来实现多执行元件预定动作的要求，这种控制回路就称为多缸动作控制回路。

7.4.1 顺序动作回路

顺序动作回路的功用是使几个执行元件严格按照预定顺序依次动作。按控制方式不同，顺序动作回路分为压力控制和行程控制两种。

(1) 压力控制顺序动作回路

利用液压系统工作过程中运动状态变化引起的压力变化使执行元件按顺序先后动作，这种回路就是压力控制顺序动作回路。

如图 7-34 所示是顺序阀控制的顺序动作回路。假设机床工作时液压系统的动作顺序为：①夹具夹紧工件；②工作台进给；③工作台退出；④夹具松开工件。其控制回路的工作过程如下：回路工作前，夹紧缸 1 和进给缸 2 均处于起点位置，当换向阀 5 左位接入回路时，夹紧缸 1 的活塞向右运动使夹具夹紧工件，夹紧工件后会使回路压力升高到顺序阀 3 的调定压力，顺序阀 3 开启，此时进给缸 2 的活塞才能向右运动进行切削加工；加工完毕，通过手动或操纵装置使换向阀 5 右位接入回路，进给缸 2 活塞先退回到左端点后，引起回路压力升高，使阀 4 开启，夹紧缸 1 活塞退回原位将夹具松开，这样完成了一个完整的多缸顺序动作循环，如果要改变动作的先后顺序，就要对两个顺序阀在油路中的安装位置进行相应的调整。

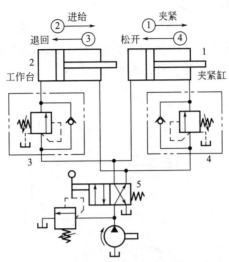

图 7-34　顺序阀控制的顺序动作回路

(2) 行程控制顺序动作回路

如图 7-35 所示是行程阀控制的顺序动作回路。图示位置两液压缸活塞均退至左端点。当电磁阀 3 左位接入回路后，缸 1 活塞先向右运动，实现动作①，当活塞杆上的行程挡块压下行程阀 4 后，缸 2 活塞才开始向右运动，实现动作②，直至两个缸先后到达右端点；将电磁阀 3 右位接入回路，使缸 1 活塞先向左退回，实现动作③，在运动当中其行程挡块离开行程阀 4 后，行程阀 4 自动复位，其下位接入回路，这时缸 2 活塞才开始向左退回，实现动作④，直至两个缸都到达左端点。这种回路动作可靠，但要改变动作顺序较为困难。

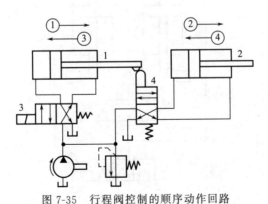

图 7-35　行程阀控制的顺序动作回路

7.4.2　同步回路

同步回路的功用是使系统中多个执行元件克服负载、摩擦阻力、泄漏、制造质量和结构变形上的差异，而保证在运动上的同步。

同步运动分为速度同步和位置同步两类。速度同步是指各执行元件的运动速度相等，而位置同步是指各执行元件在运动中或停止时都保持相同的位移量。实现多缸同步动作的方式有多种，它们的控制精度和价格也相差很大，实际中应根据系统的具体要求进行合理设计。

(1) 采用调速阀的单向同步回路

如图 7-36 所示是采用调速阀的单向同步回路。在两个并联液压缸的进（回）油路上分别串接一个单向调速阀，仔细调整两个调速阀的开口大小，控制进入两液压缸或自两液压缸流出的流量，可使它们在一个方向上实现速度同步。这种回路结构简单，但调整比较麻烦，而且还受油温、泄漏等的影响，同步精度不高，不宜用于偏载或负载变化频繁的场合。

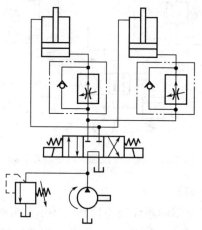

图 7-36 采用调速阀的单向同步回路

(2) 带补油装置的串联液压缸同步回路

如图 7-37 所示为带补偿装置的串联液压缸同步回路。当两缸活塞同时下行时，若缸 5

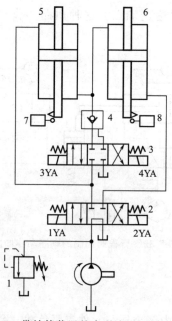

图 7-37 带补偿装置的串联液压缸同步回路

1—溢流阀；2,3—换向阀；4—液控单向阀；5,6—液压缸；7,8—行程开关活塞先到达行程端点，则挡块压下行程开关 7，电磁铁 3YA 得电，换向阀 3 左位接入回路，压力油经换向阀 3 和液控单向阀 4 进入缸 6 上腔，进行补油，使其活塞继续下行到达行程端点。如果缸 6 活塞先到达端点，行程开关 8 使电磁铁 4YA 得电，换向阀 3 右位接入回路，压力油进入液控单向阀 4 的控制腔，打开液控单向阀 4，缸 5 下腔与油箱接通，使其活塞继续下行到达行程端点，从而消除积累误差。

(3) 用电液比例调速阀控制的同步回路

如图 7-38 所示为用电液比例调速阀实现同步运动的回路。回路中使用了一个普通调速阀 1 和一个比例调速阀 2，它们装在由多个单向阀组成的桥式回路中，并分别控制着液压缸 3 和 4 的运动。当两个活塞出现位置误差时，检测装置就会发出信号，调节比例调速阀的开度，使缸 4 活塞跟上缸 3 活塞的运动而实现同步。

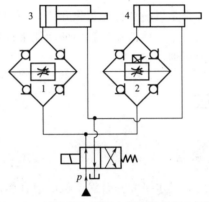

图 7-38 用电液比例调速阀控制的同步回路

这种回路的同步精度较高，位置精度可达 0.5mm，已能满足大多数工作部件所要求的同步精度。比例阀性能虽然比不上伺服阀，但费用低，系统对环境适应性强。因此，用它来实现同步控制被认为是一个新的发展方向。

第8章 汽车液力传动

液力传动与液压传动一样都是以液体作为工作介质的一种能量转换装置。但两者的工作原理却不相同，液力传动是通过液体流动过程中的动能来传递动力。本章简要介绍液力传动基础知识及其在汽车上的典型应用。

8.1 液力传动基础

8.1.1 液力传动的工作原理

液力传动可以看成一台离心式水泵和一台涡轮机的组合体，只是采用了它们的核心元件，即泵轮、涡轮及导轮，将它们组合成一个整体，使工作液体在这些叶轮中流动来达到传动的目的。其工作原理如图8-1所示，工作液体由离心泵排出，进入涡轮机中驱动涡轮机旋转，并由输出轴6输出机械能驱动工作机构运动。离心泵是将发动机的机械能转换成液体的动能的能量转换装置，涡轮机是将液体动能重新转换成机械能的能量转换装置。通过离心泵与涡轮机的组合，实现了2次能量转换。

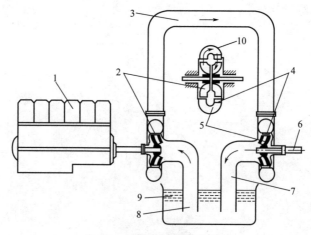

图8-1 液力传动的工作原理

1—发动机；2—离心泵叶轮；3—连接管路；4—导向装置；5—涡轮机叶轮；6—输出轴；7—出口；8—进口；9—储液池；10—液力变矩器模型

因为离心泵与涡轮机的效率很低，再加上管路的损失，系统总效率一般低于 0.7，故不宜直接运用。为了提高效率，设法将离心泵工作轮（泵轮）和涡轮机工作轮（涡轮）尽量靠近，取消中间的连接管路和导向装置，从而形成了液力传动的基本形式——液力耦合器。

8.1.2 液力耦合器

如图 8-2 所示为液力耦合器结构示意。液力耦合器外壳 2 固定在发动机曲轴 1 的凸缘上。泵轮 3 是液力耦合器的主动元件，它与外壳 2 刚性连接，与曲轴一起旋转。涡轮 4 是液力耦合器的从动元件，它与从动轴 5 相连接。泵轮和涡轮都称为工作轮。在工作轮的环状壳体中，径向排列着许多叶片。涡轮装在密封的外壳 2 中，与泵轮叶片端面相对，两者之间留有 3～4mm 间隙，没有刚性连接。泵轮和涡轮装配后，形成环形空腔，其内充满工作油液。液力耦合器由发动机带动，当工作轮转动时，其中的油液被叶片带动一起旋转。在离心力作用下，油液从叶片内缘向外缘流动。因此，叶片外缘处压力较高，而内缘处压力较低，其压力差取决于工作轮的半径和旋转速度。

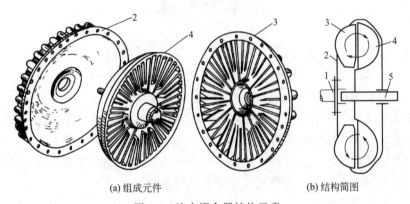

(a) 组成元件　　　　　　　　(b) 结构简图

图 8-2　液力耦合器结构示意

1—发动机曲轴；2—外壳；3—泵轮；4—涡轮；5—从动轴

由于泵轮和涡轮的半径相等，故当泵轮的转速大于涡轮的转速时，泵轮叶片外缘的液体压力大于涡轮叶片外缘的液体压力。于是，油液不仅随工作轮绕其旋转轴线做圆周运动，而且在上述压力差的作用下，沿循环圆（通过轴线纵断面的环形）作图 8-3 中箭头所示方向的循环流动，其形成的流线如同一个首尾相连的环形螺旋线。

液力耦合器传递动力的过程：泵轮接受发动机传来的机械能，在液体从泵轮叶片内缘向外缘流动的过程中，将动能传给涡轮。因此，液力耦合器实现传动的必要条件是油液在泵轮和涡轮之间有循环流动，而循环流动的产生是两轮工作转速不等，使两轮叶片的外缘处产生液体压力差所致。故液力耦合器在正常工作时，泵轮转速总大于涡轮转速。如果两者转速相等，则液力耦合器不起传导作用。

发动机启动后，可将变速器挂上 1 挡位，此时，发动机驱动泵轮旋转，而与外壳刚性连接的涡轮暂时还处于静止状态，内部油液立即产生绕工作轮轴的圆周运动和循环流动。当液流冲到涡轮叶片上时，对涡轮叶片造成冲击力，因而对涡轮产生一个绕涡轮轴线的转矩，驱使涡轮与泵轮同向旋转。对于一定的液力耦合器，发动机转速越高，作用在涡轮上的转矩也越大,加大发动机供油量,使其转速达到一定值时,作用于涡轮上的转矩足够使汽车克服起步阻力,汽车开始起步。随着发动机转速的继续增高,涡轮上的转速和转矩也加大,汽车不断加速。由于液体在液力耦合器中作循环流动时,没有受到任何其他外力,故发动机作用于泵轮上的转矩与涡轮所接受并传给从动轴的转矩相等。即液力耦合器只起传递转矩的作用,而不改变转矩的大小。

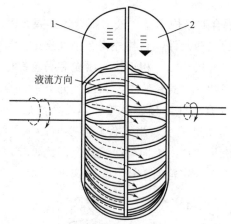

图 8-3 液力耦合器工作示意
1—泵轮;2—涡轮

液力耦合器曾应用于早期的汽车半自动变速器及自动变速器中。液力耦合器的泵轮与发动机的飞轮相连接,动力由发动机曲轴传入。在有些时候,耦合器严格上讲是飞轮的一部分,在这种情况下,液力耦合器又被称为液力飞轮。涡轮与变速器的输入轴相连。液体在泵轮与涡轮间循环流动,使得转矩从发动机传至变速器,驱动车辆的前进。在这方面,液力耦合器的作用非常类似于手动变速器中的机械离合器。由于液力耦合器无法改变转矩的大小,现已被液力变矩器所取代。

8.1.3 液力变矩器

如果在液力耦合器的泵轮和涡轮之间加上一个固定的导流部件,就能根据需要任意改变传动比与转矩比,实现无级变速,则称这一传动装置为液力变矩器。液力变矩器靠液体与叶片相互作用产生能量的变化来传递转矩。液力变矩器不同于液力耦合器的主要特征是它具有固定的导轮。导轮对液体的导流作用使液力变矩器的输出转矩可高于或低于输入转矩,因而称为变矩器。

为了扩大液力元件的使用范围,可将液力耦合器或液力变矩器与各种机械元件组合成一个整体,称为液力机械耦合器或液力机械变矩器。

如图 8-4 所示,液力变矩器一般由泵轮、涡轮和固定不动的导轮组成。导轮安装在泵轮和涡轮之间,并与泵轮和涡轮保持一定的轴向间隙。同液力耦合器一样,液力变矩器在工作时,储于环形腔内的油液,除了绕变矩器轴线的圆周运动外,还在循环圆中进行循环流动,故可将转矩从泵轮传至涡轮。

液力变矩器之所以能起变矩作用,是因为在结构上比耦合器多了一个导轮机构。在液体循环流动的过程中,固定不动的导轮给涡轮一个反作用力矩,使涡轮输出的转矩不同于泵轮输入的转矩。由于导轮接受被涡轮反射出的油，并改变其流动方向，使其与泵轮的转向相同，这样不仅避免了转矩损失，而且加大了泵轮转矩，从而起到增大转矩的作用。泵轮与涡轮的转速相差越大，转矩增大的效果越明显（最大可达2.5倍）。

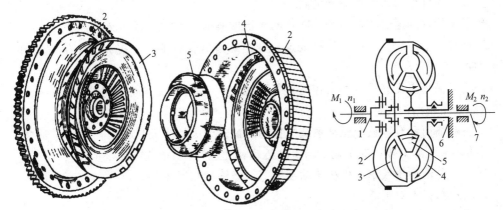

图8-4 液力变矩器结构示意
1—发动机输出轴；2—变矩器壳；3—涡轮；4—泵轮；5—导轮；6—导轮固定轴套；7—从动轴

现代汽车常采用综合式液力变矩器，它充分利用了液力耦合器和液力变矩器的优点，使动力传递更加平顺可靠，同时提高了系统效率。综合式液力变矩器增加了单向离合器和锁止装置等。

从涡轮进入导轮的油液流动方向取决于泵轮与涡轮的转速差。当这一转速差很大时，从涡轮流出的工作油液冲击导轮叶片的前部，此时，导轮被单向离合器锁止而不能逆向转动。油液被导轮叶片改变流动方向后冲击泵轮叶片背面，推动泵轮转动，实现变矩作用。

当涡轮转速与泵轮转速接近时，从泵轮流出的工作油液冲击导轮叶片背面，使导轮在单向离合器上转动，这样工作油液便直接由涡轮回流冲击泵轮的背面，此时单向离合器已不起作用，即变矩器相当于耦合器。

综上所述，汽车液力变矩器的工作过程如下。

① 车辆停住，发动机怠速运转，发动机自身产生的转矩最小。由于车辆停止不动，涡轮转速为零，而变矩器输出转矩最大。所以涡轮总是随时准备以大于发动机所产生的转矩转动。

② 车辆启动时，涡轮与变速器输入轴一起转动，踩下加速踏板，涡轮转速就以大于发动机所产生的转矩转动，车辆开始前进。涡轮转速从零开始逐渐增大，液力变矩器的输出转矩逐渐减少。

③ 车辆低速行驶时，随着车速增加，涡轮转速快速接近泵轮转速，转矩比也快速接近。

④ 车辆以中、高速行驶时，涡轮与泵轮转速接近耦合点时，导轮开始空转，转矩下降，此时液力变矩器逐渐变为液力耦合器。涡轮转速与泵轮转速相等时，此时变矩器仅仅起液力耦合器的作用。

8.1.4 汽车液力传动的特点

液力传动之所以在汽车上得到广泛应用，是因为它使得汽车具有了一些新的性能。从系统匹配的角度来看，与发动机的合理匹配扩展了发动机稳定工作的区间，增加了调速、调矩范围。可以将"发动机＋液力传动元件"视为一个性能更加优异且能更好地满足纷繁复杂的车辆行驶需要的复合型动力装置，其中液力传动元件具有如下优良的特性。

① 液力元件能容大、功率密度高。

② 主要构件间通过流体传动，叶轮间无机械磨损，可靠性高，保养简单。

③ 具有自动适应性，以及无级变速、变矩和过载保护能力，提高了车辆驾驶和乘坐的舒适性。

④ 使车辆具有良好稳定的低速性能，可以提高车辆在软路面如泥泞地、沙地、雪地和其他非硬土壤路面的通过性。

⑤ 能够隔离和衰减整个驱动系统的振动和冲击，大幅降低其动态载荷。

同样，采用液力传动的车辆，与机械传动相比也存在一些缺点。

① 液力传动系统效率比机械传动系统低，经济性相对较差。

② 结构布置不够灵活。

③ 需要增设液力传动所必需的附加设备，如供油、换热、充液率控制、启动加温装置等系统，因而体积和重量要比机械传动略大，结构也更为复杂，造价较高。

④ 由于液力元件的输入和输出构件之间没有刚性连接，因此不能利用发动机制动，也不能用牵引的方法来启动发动机。

8.2 汽车自动变速器

汽车自动变速器是随着车辆技术及其相关技术的发展而产生的。自动变速器从最初挡位固定的变速器，到有多个挡位可变换的齿轮变速器，直到现在应用计算机控制实现换挡的自动变速器，都有力地推动了汽车技术的发展。

汽车自动变速器能根据车速与发动机负荷的变化情况及时自动地换挡，从而使操作简单省力，有利于行车安全，可使发动机经常处于经济转速区域内运转，降低了油耗，降低排气污染。随着科学技术的不断发展，液压与液力传动系统在汽车自动变速器上的应用越来越普遍。

8.2.1 自动变速器分类、组成和工作原理

汽车自动变速器可分为三种类型：电控液力机械自动变速器、电控机械自动变速器和连续可变传动比自动变速器。

电控液力机械自动变速器是目前使用最普遍的一种自动变速器，它主要由液力变矩器、行星齿轮变速机构和电液换挡控制系统几部分组成。

① 液力变矩器，包括泵轮、涡轮、导轮、导轮单向离合器、锁止离合器等。

② 行星齿轮变速机构，包括太阳轮、行星齿轮、行星架、齿圈等。

③ 电子控制系统，包括各种传感器、控制电脑、控制程序、自诊断系统等。

④ 液压控制系统，包括液压泵、滤清器、各种换挡阀、节流阀、速控阀、调压阀、离合器、制动器等。

自动变速器的工作原理如图8-5所示。液力变速器利用液体的流动，将来自发动机的

转矩传递给行星齿轮机构，同时，液压控制系统根据行驶需要（节气门开度、车速等信号）来操纵离合器、制动器等执行元件，使行星齿轮机构获得相应的传动比和转动方向，自动实现变速换挡。

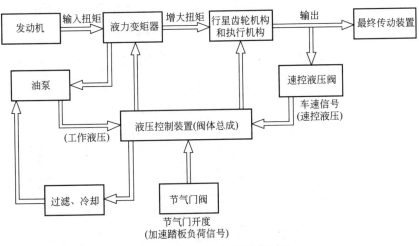

图 8-5　自动变速器的工作原理

8.2.2　自动变速器的液压控制系统

液压控制系统是汽车自动变速器的一个重要组成部分。液压控制系统根据发动机的负荷、车速以及其他行驶条件，通过离合器、制动器等液压执行元件的工作来实现自动换挡。液压控制系统的主要作用是建立起适当的主油路油压，并经过各种液压控制阀将油压传递给相应的离合器或制动器等执行元件，以实现复杂的自动变速功能。

(1) 液压控制系统的类型

液压控制系统的控制类型，常见的有全液压式控制系统和电子液压式控制系统。

① 全液压式控制系统。全液压式控制系统完全利用液压元件和液压原理来完成换挡控制，换挡的主要参数是节气门开度（负荷）和车速信号（速度），它们以机械方式传入液压控制系统，并转化为相应的液压控制信号，变速器主要根据这两个液压控制信号的变化进行自动换挡控制，如图 8-6 所示为全液压式控制系统示意。

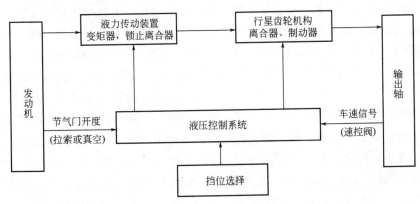

图 8-6　全液压式控制系统示意

② 电子液压式控制系统。电子液压式控制系统是一个机、电、液一体化的综合控制系统，它由传感器将发动机和汽车的各种运行参数转变为电子信号，并传送给控制电脑，电脑根据这些信号，按照设定的程序，向各种电磁阀（换挡电磁阀、油压电磁阀、锁止电磁阀）发出相应的控制信号，通过打开或关闭电磁阀来切换油路和操纵换挡阀工作，从而实现自动换挡控制，如图 8-7 所示为电子液压式控制系统示意。

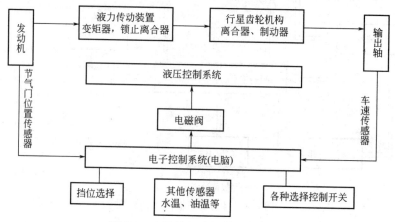

图 8-7　电子液压式控制系统示意

（2）液压控制系统的组成及功能

液压控制系统由主油路、控制信号、换挡时刻控制、换挡品质控制和锁止控制等几个部分组成。各部分功能如下。

① 主油路：整个液压系统的动力源。它主要由液压泵和调压阀组成，向液压控制系统提供足够压力和流量的工作介质。

② 控制信号：在全液压控制系统中，负荷信号由节气门阀提供，车速信号由速度控制阀提供。在电子液压式控制系统中，负荷信号由节气门位置传感器提供；而车速信号则由车速传感器提供；选挡杆位置信号由与选挡杆联动的手动阀提供。

③ 换挡时刻控制：换挡时刻控制是由若干个换挡控制阀组成的，实际上它是一个油路开关装置，根据控制信号的指令，实现油路转换，进而达到升降挡的目的。

全液压式操纵方式的换挡控制阀受节气门油压和车速油压的控制，在上述两种信号的作用下接通或切断液压油路。电子液压控制换挡阀的动作由换挡电磁阀来控制。电磁阀根据来自控制电脑的信号打开或关闭，通过对油液的加压或泄压来控制换挡阀。

④ 换挡品质控制：换挡品质是指换挡过程的平顺性，造成换挡冲击的原因主要有换挡过程中各执行元件之间的动作不协调、转动部件惯性引起的冲击、执行元件摩擦力变化产生的不平顺等问题。为了减轻换挡过程中的冲击，液压控制系统采取了缓冲控制、正时控制和油压控制三种方式来改善换挡品质。缓冲控制主要由节流阀、缓冲阀和蓄能器等元件完成。正时控制是采用正时阀来协调执行元件的作用时间，当一个执行元件分离时，另一个执行元件正好接合。

⑤ 锁止控制：目的是为了提高液力变矩器的传动效率，通过离合器的接合与分离来实现锁止控制。锁止控制是在特定挡位下，达到一定车速时，使泵轮和涡轮之间不再通过液力耦合的方式传递动力，而是直接接合，使传动效率更高。

8.2.3 主要元件的结构和工作原理

(1) 液压泵

液压泵的作用是使液压油产生一定的压力和流量，供给液力变矩器和液压操纵系统，并保证行星齿轮机构润滑和液力变矩器冷却的需要。自动变速器常用的液压泵是内啮合齿轮泵和单作用叶片泵，其中内啮合齿轮泵应用最普遍。

如图 8-8 所示为摆线转子泵的结构原理。它是一种具有特殊齿形的内啮合齿轮泵，具有结构简单、尺寸紧凑、噪声小、运转平稳、高速性能良好等优点。摆线转子泵由一对内啮合的转子及泵壳、泵盖等组成。内转子为外齿轮，其齿廓曲线是外摆线；外转子为内齿轮，齿廓曲线是圆弧曲线。一般内转子的齿数可以为 4、6、8、10 等。通常自动变速器上所用的摆线转子泵的内转子都是 10 个齿，而外转子比内转子多 1 个齿。

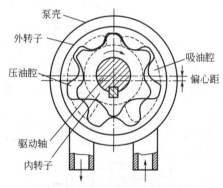

图 8-8　摆线转子泵的结构原理

发动机运转时，带动液压泵内外转子朝相同的方向旋转。内转子为主动齿，外转子的转速比内转子每圈慢 1 个齿。内转子的齿廓和外转子的齿廓是一对共轭曲线，它能保证在液压泵运转时，无论内外转子转到什么位置，各齿均处于啮合状态，即内转子每个齿的齿廓曲线上总有一点和外转子的齿廓曲线相接触，从而在内转子、外转子之间形成与内转子齿数相同个数的工作腔。这些工作腔的容积随着转子的旋转而不断变化，当转子朝顺时针方向旋转时，内转子、外转子中心线的右侧的各个工作腔的容积由小变大，以致形成局部真空，将液压油从进油口吸入；在内转子、外转子中心线的左侧的各个工作腔的容积由大变小，将液压油从出油口排出。这就是摆线转子泵的工作过程。

装自动变速器的汽车在发动机熄火时，不能像装机械变速器的汽车一样用外力推车的办法将发动机拖燃。因为装自动变速器的汽车在发动机不工作时，液压泵不泵油，变速器内没有控制油压而无法工作。推车启动时，即使输出轴旋转，液压泵并不向液压控制系统提供压力油。将选挡手柄置于 D 位或 R 位，行星齿轮仍处于空转状态，输出轴实际上是空转，当然曲轴也不会旋转，所以无法启动发动机。

长距离牵引，无润滑油供给齿轮系统，系统磨损将会加剧。因此，牵引距离不应超过 80km，牵引速度不得高于 30km/h。

变速器齿轮系统有故障或严重漏油时，对后轮驱动的汽车，应将被牵引汽车的传动轴脱开；对于前轮驱动的汽车，应将前轮举升使其离开地面再牵引。

(2) 调压阀

控制油路压力的元件是调压阀，调压阀分为主调压阀和次调压阀。主调压阀用于调节变矩器主油路压力；次调压阀用于调节锁止油路和润滑油路压力。

① 主调压阀。液压泵输出的压力油进入主调压阀，经调制后进入主油路，并分成三路：一路向变矩器供油；一路向自动变速器换挡控制机构供油；还有一路向节气门阀供油。

主调压阀的功用是保证供给主油路的油压在一定范围内。当系统油压超过规定值时，则自动溢流，保持油压不变。同时为了减小液压泵功率损耗，主压力应随油门开度变化而进行调节。当油门开大时，发动机的负荷增加，相应地提高主油压，以加大离合器和制动器油缸的作用力。

主调压阀的结构原理见图 8-9。当液压泵不工作时，由于调压弹簧的作用，阀芯处于最上端，而调节柱塞位于最下端。当液压泵运转时，进入主油路的压力油将通往油口 A 进入主调压阀，由于此段阀芯上下面积差，油压将克服调压弹簧作用力使阀芯下移，从而使泄油口 O 打开。主油路中部分压力油将通过油口 C 和 O 流回油底壳，主油路油压随之下降。当阀芯上端面积差产生的液压作用力与调压弹簧力相平衡时，阀芯位置固定不变，泄油口 O 则保持一定开度，主油路压力则维持不变。阀芯下移开通了 B 与 F 油道，使压力油进入变矩器。

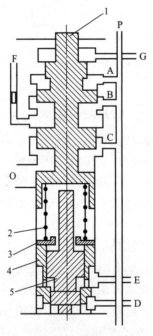

图 8-9 主调压阀的结构原理

1—阀芯；2—调压弹簧；3—弹簧座；4—套筒；5—调压柱塞；P—主油路；G—来自压力校正阀；F—至变矩器；O—泄油口；D—来自节气门阀；E—来自手动选挡倒挡油路

在主调压阀下部的调压柱塞上还作用着两个反馈油压，即来自节气门阀的节气门油压和来自手动选挡的倒挡油路油压。这两个反馈油压对调压柱塞产生向上的推力，并通过弹簧座及调压弹簧作用在阀芯上，增加了作用在阀芯上的向上推力，从而使主调压阀所调节的主油路油压增加。这样便满足了油门开度增加及倒挡时对主油路油压增加的需要。

阀芯上端还作用着另一个反馈油压，它来自压力校正阀。当汽车起步并达到一定车速时，调速器阀输出的调速器油压使压力校正阀开启，来自节气门阀的压力油经压力校正阀进入主调压阀上端，增加了阀芯向下的推力，使主油路油压减小。因为汽车起步后，离合器需要的压紧力降低，主油路油压降低既有利用减少液压泵的功耗，又可以减少液压泵的噪声。

② 次调压阀。次调压阀实质上是一个限压滑阀，主要负责润滑自动变速器行星齿轮机构所需油压。此外，次调压阀还和背压阀一起负责液力变矩器内的油压及油量。

自动变速器次调压阀的工作原理如图 8-10 所示。来自主调压阀的压力油经次级调压阀内部的节流孔节流后产生润滑油压，压力油循环流动润滑行星齿轮机构，同时经节流孔进入阀芯上部。当变矩器内锁止油压升高时，由节流孔进入阀芯上部的压力油驱动阀芯克服调压弹簧的弹力下移，来自主调压阀的部分油液向润滑油压泄油。当变矩器内锁止油压继续升高时，阀芯上部的压力油克服调压弹簧的弹力下移，部分油液经泄油口流回油底壳，使变矩器内锁止油压降低。

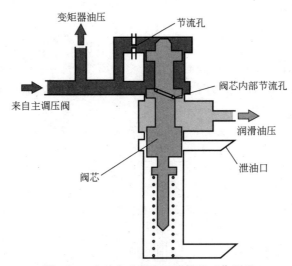

图 8-10　自动变速器次调压阀的工作原理

当变矩器未进入锁止时，变矩器内的压力油引出后进入汽车水箱内的散热器进行强制降温，在此中间设一个背压阀保持变矩器内的补偿油压为 0.4MPa。当变矩器进入锁止工作时，变矩器内压力油不再需要冷却，由次调压阀保证变矩器内的锁止油压，当变矩器内锁止油压升高时，由节流孔进入阀芯上部的压力油克服调压弹簧的力下移，部分油液经泄油口流回油底壳，使变矩器内锁止油压降低。当发动机停转时，变矩器油压减小，在调压弹簧力下，阀芯上移，将变矩器油路封闭，防止压力油从变矩器流出。

(3) 节气门阀

节气门阀实质上是一种节气门开度传感器，它用来把油门开度变换成油压信号，该油压信号称作节气门阀油压，它的大小反映了节气门的开度，也间接反映了发动机功率的大小。油门开度越大，节气门油压越高，相应发生换挡的车速也越高。

节气门阀有两种控制方式，即机械控制式和真空控制式。

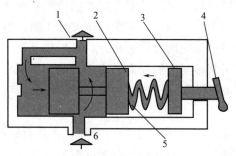

图 8-11　机械控制式节气门阀

1—节气门油压；2—滑阀；3—柱塞；4—节气门拉线；5—弹簧；6—主油道

机械控制式是通过节气门阀拉索来带动节气门阀动作，如图 8-11 所示，当节气门关闭时，节气门阀也同时切断主油路通道，使节气门油压输出为零。当节气门稍开时，节气门阀在节气门拉索和弹簧压力的作用下左移，主油路油压（输入）进入节气门阀，产生节气门油压（输出）。由于节气门开度较小，节气门油压也就比较低。当节气门全开时，节气门阀移至最左端，节气门油压达到最大值。其中调节后的节气门油压反馈作用在节气门阀左端，与弹簧压力相平衡。

真空式节气门阀如图 8-12 所示，由真空膜片室用软管通过接口 C 与发动机节气门后方的进气管连接，因此，膜片位移随真空度的变化而变化。进油口 P 输入主油路油压经节流后从出油口 A 输出的油压即为节气门油压，节气门油压又输入滑阀的下端作为反馈油压。

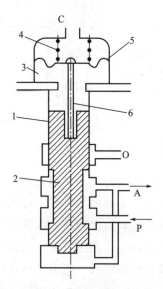

图 8-12　真空式节气门阀

1—阀体；2—滑阀；3—真空膜片室；4—膜片弹簧；5—膜片；6—推杆；
P—主油路进油口；A—节气门油压出油口；O—泄油口；C—真空接口

当节气门开度较小时，真空膜片室真空度则较大，真空吸力及作用在滑阀下端的反馈油压克服弹簧力使膜片上移，滑阀随之也上移。来自主油路进油口 P 进入节气门阀的通流面积减小,且经泄油口 O 的泄漏通流面积增大,于是经出油口 A 输出的节气门油压下降;反之,当节气门开度较大时,真空膜片室真空度则较小,真空膜片下移,随之滑阀也下移。使进油通流面积增大,泄油通流面积减小,节气门油压随之上升。

(4) 调速器阀

调速器阀实质上是一种车速传感器,它用来把车速转换成油压信号,该油压信号称为调速器油压。调速器油压用来控制换挡阀,确定自动变速器是否需要换挡。

该阀为节流式双级调速器阀,它由阀体、滑阀 1、弹簧 6、重块 2 及弹簧座组成,如图 8-13 所示。阀体安装在输出轴上,随轴一起转动,其转速与车速成正比。

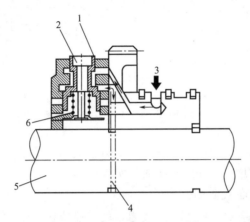

图 8-13 节流式双级调速器阀
1—滑阀;2—重块;3—进油孔;4—出油孔;5—输出轴;6—弹簧

调速器阀工作时,重块和滑阀在离心力作用下外移,打开进油口,使主压力油进入调速器阀,产生调速器油压。与此同时,作用在滑阀上的调速器油压使滑阀内移,关小进油口,直至调速器油压与滑阀所受的离心力相平衡为止。

当车速较低时,重块、滑阀的离心力总是与油压作用力相平衡。由于重块的质量较大,所以随着车速的增加,油压上升很快。当车速增加到一定值时,弹簧座与阀体端面接触,这时弹簧座与重块被挡住,离心力的作用不再增加,但滑阀的离心力继续和油压作用力相平衡。因此,在高速区油压仅靠滑阀的离心力来调节,由于滑阀的质量较小,其离心力增加随车速的提高较为缓慢,所以调速器油压的升高随车速的增加也较为缓慢。双级调速器阀的这种工作特性很符合自动变速器换挡规律的需要。因为车速较低时,调速器油压随车速的增加而迅速上升,从而使换挡时的车速降低,有利于改善汽车的燃料经济性。车速较高时,调速器油压随车速的增加提高比较缓慢,从而提高了换挡时的车速,有利于提高汽车的动力性。

(5) 手动阀

变速器选挡操纵手柄通过连杆机构与手动阀相连,手动阀是安装在控制系统阀板总成中的多路换向阀,驾驶员操纵换挡操纵手柄可以带动手动阀移动,其作用是根据不同的选挡杆位置依次将管路压力油接入相应各挡油路。选挡杆的作用与普通手动变速器的操纵杆不同,手动变速器操纵杆的工作位置就是变速器的挡位,变速器有几个挡位,换挡杆就有几个工作位置;而自动变速器的工作方式由自动变速器选挡杆的位置决定,与挡位数并不对应。

手动阀相当于油路总开关，由换挡手柄控制。当操纵手柄处于不同位置时，手控阀使不同的油路接通和断开，获得不同的挡位。如图 8-14 所示为手动阀工作油路示意。当操作手柄处于 P、R、N、D、S、L 六个工作位置时，工作油路如下。

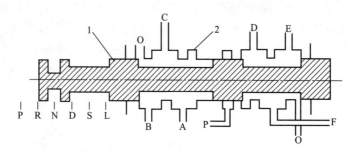

图 8-14　手动阀工作油路示意

1—滑阀；2—阀体；P—主油路；A—前进挡油路；B—高挡油路；C—低挡油路；D—锁止油路；
E—倒挡油路；F—前进低挡油路；O—回油路

P 位（停车挡）：油路 P、D、F 接通，无挡位，即停车挡。

R 位（倒挡）：油路 P、D、E、F 接通，实现倒挡。

N 位（空挡）：主油路 A 封闭。

D 位（前进挡）：油路 P、A、B、C 接通，使变速器在 1～3 挡或 3～1 挡间变换工作。

S 位（前进低挡）：油路 P、A、C、D 接通，变速器被锁止在 2 挡。

L 位（前进低挡）：油路 P、A、D、P 接通，变速器在 2 挡或 1 挡工作，在 2 挡工作时可以降至 1 挡。但在 1 挡工作时，不能升至 2 挡。

(6) 换挡阀

换挡阀的功用是在调速器油压及节气门油压的控制下，将从手动选挡阀输入的主压力油通过换挡阀送入不同的换挡执行元件，使自动变速器以不同的挡位工作。因此，在前进挡中，自动变速器的挡位变换是通过换挡阀来实现的。

换挡阀是一种液控二位换向阀，由于每个换挡阀只有 2 个位置，它只能控制相邻 2 个挡位的升挡和降挡。因此，3 挡自动变速器就应有 2 个换挡阀，分别控制 1-2 挡的升、降挡和 2-3 挡的升、降挡。

如图 8-15 所示为 1-2 挡换挡阀的结构。主压力油经油路 P 进入滑阀左端的环槽内，由于该环槽右侧滑阀直径大于左侧滑阀直径，所以作用在滑阀上有一个使滑阀向右移的液压作用力。调速器油压从油路 C 进入滑阀右腔。当车速较低时，调速器油压对滑阀的作用力小于主油压对滑阀作用力和弹簧作用力之和时，滑阀被推向右端位置。此时，主油路被换挡阀截断，2 挡制动器油路 E 和泄油孔连通，使 2 挡制动器处于放松状态，自动变速器处于 1 挡。

随着车速提高，调速器油压也升高。当调速器油压高达一定值时，滑阀被推向左端，油路发生变化，主油路 P 与 2 挡制动器油路 C 连通，2 挡制动器处于制动工作状态，自动变速器则升入 2 挡。

当滑阀移至左端后，滑阀左端环槽和主油路隔断，所以滑阀左端只有弹簧力的作用。

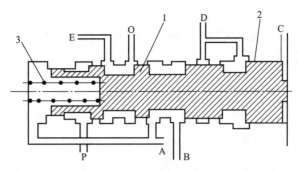

图 8-15　1-2 挡换挡阀的结构

1—滑阀；2—阀体；3—弹簧；P—主油路；A—低挡及倒挡制动器油路；B—低挡油路；
C—调速器阀油路；D—强制降挡油路；E—2 挡制动器油路；O—泄油孔

因此，在降挡时，调速器油压作用力应下降到低于弹簧作用力，才能使滑阀右移，产生降挡。从而使降挡车速低于升挡车速，这就是所谓的换挡延迟。

当强制降挡阀开启时，主压力油经油道 D 进入换挡阀，该油压使滑阀右移，强制降入 1 挡。

当手动选挡阀位于前进低挡 1 位置时，主压力油经手动选挡阀由油道 B 进入换挡阀。当滑阀右移降挡时，油道 B 即和滑阀左腔相通，使主油路油压作用在滑阀左端整个端面上。此时，作用在滑阀上向右的推力大大超过调速器油压的推力，从而使换挡阀锁止在右端 1 挡位置上。此时，主压力油经油道 A 进入 1 挡制动器，使 1 挡制动器处于制动状态。

（7）强制降挡阀

强制降挡阀的功用是节气门接近全开或全开时，强制性地将自动变速器降低一个挡位，以获得良好的加速性能。强制降挡阀是一种电控二位三通换向阀，它由滑阀 1、弹簧 2、推杆 3 及电磁铁 4 等部分组成，如图 8-16 所示。

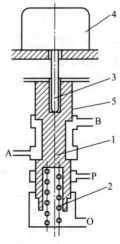

图 8-16　强制降挡阀的结构

1—滑阀；2—弹簧；3—推杆；4—电磁铁；5—阀体；P—主油路；A—接换挡阀；B—接手动选挡阀；O—泄油口

电磁铁 4 由安装在加速踏板上的强制降挡开关控制。强制降挡阀不工作时，滑阀在弹簧作用下位于上位，主油路 P 与油路 A 被裁断。当加速踏板踩到底或接近于到底时，强制降挡开关闭合，电磁铁线圈通电，通过推杆 3 克服弹簧 2 的作用力使滑阀 1 下移。使主油路 P 与 A 接通，主压力油进入各换挡阀，迫使换挡阀滑阀右移，强制性地让变速器降低一个挡位。

(8) 锁止控制阀

锁止控制系统的作用是控制液力变矩器的油压以及锁止离合器的工作，主要元件为锁止离合器控制阀。在一些新型的电控自动变速器上，锁止电磁阀采用脉冲式电磁阀，车载电脑利用脉冲电信号占空比大小来调节锁止电磁阀的开度，控制锁止离合器控制阀右端的油压，调节锁止离合器控制阀左移时排油孔的开度，从而控制锁止离合器活塞右侧油压的大小，如图 8-17 所示。

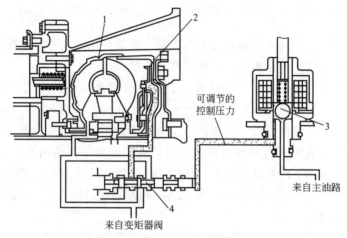

图 8-17 电控系统锁止离合器控制阀的工作原理
1—变矩器；2—锁止离合器；3—脉冲线性式锁止电磁阀；4—锁止离合器控制阀

锁止离合器处于分离状态。当作用在锁止电磁阀上的脉冲电信号的占空比为 0 时，车载电脑没有对电磁阀通电，电磁阀关闭，锁止离合器控制阀的右端无油压，锁止离合器活塞左右两侧的油压相同，离合器与变矩器分离，锁止离合器处于分离状态。自动变速器为液力传动工况，发动机动力全部经变矩器传递。当作用在锁止电磁阀上的脉冲电信号较小时，电磁阀的开度小，锁止离合器控制阀右端的油压较小，锁止控制阀左移打开的排油孔开度也较小，故锁止离合器活塞左右两侧的油压差以及由此产生的锁止离合器接合力也较小，使锁止离合器处于半接合状态。

脉冲信号的占空比越大，锁止离合器活塞左右两侧的油压差以及锁止离合器接合力也越大。当脉冲信号的占空比达到一定数值时，流入变矩器的压力油作用于锁止离合器，使离合器与前盖一起旋转，锁止离合器即可完全接合。自动变速器为机械传动工况，发动机动力经锁止离合器直接传至行星齿轮变速器输入轴。锁止离合器锁止时对应的车速称为锁止工作点。

这样，车载电脑在控制锁止离合器接合时，通过改变脉冲电信号的占空比，让锁止电磁阀的开度逐渐变大，从而调节其接合速度，让接合力逐渐增大，减小锁止离合器接合时产生的冲击，使接合过程柔和。为防止锁止离合器因车速在锁止点附近变化而出现反复的闭锁、解锁工作，必须使锁止点与解锁点的车速不同，即有一个滞后，避免自动变速器频繁换挡，减少闭、解锁冲击，使车辆行驶更平稳。

（9）缓冲阀和蓄压器

提高自动变速器换挡品质和汽车的乘坐舒适性，取决于执行机构各元件的工作性能。为此，在液压系统中设置了缓冲安全系统，以保证换挡的可靠件和平顺性。为防止自动变速器在换挡时出现冲击，装有许多起缓冲和安全作用的缓冲阀、蓄能器。

① 缓冲阀。缓冲阀的作用是改善换挡的平顺性。如图 8-18 所示的缓冲阀由滑阀 1、弹簧 2 及阀座 3 组成。滑阀左右端面分别作用着来自于离心调速阀的压力油（经通道 P_3）和从节气门阀（由加速踏板控制）来的压力油（经通道 P_2）。当强制降挡（超车工况）时，由于车速较高，为防止车速突然变化，要求车速越高，低挡制动器起作用的速度就要越慢，这时 P_3 处液压较高，故滑阀向右移动，使 P_1 与 Q_1 之间的通道［图 8-18（a）］面积减小，进入低挡制动器液压缸压力油的流速降低，使低挡制动器以较慢的速度工作，减少动载，使换挡平稳。

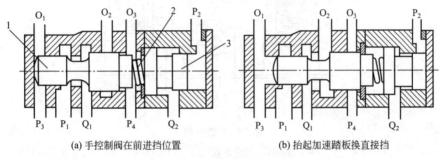

(a) 手控制阀在前进挡位置　　(b) 抬起加速踏板换直接挡

图 8-18　缓冲阀的工作原理

1—滑阀；2—弹簧；3—阀座

当驾驶员用松开加速踏板的方法强制升挡时，缓冲阀的阀座右端节气门阀压力突然降低，阀座迅速右移，使 Q_1 与 Q_2 两通道相通［图 8-18（b）］，缓冲阀立即中断对低挡制动器液压缸的供油，主油路压力油迅速通过缓冲阀流向高挡离合器，接合高速挡。

② 蓄能器。汽车自动变速器中装有蓄能器来缓冲换挡冲击。如图 8-19 所示，蓄能器一般由活塞 B 和弹簧组成，活塞在压力油的作用下下移，弹簧被压缩，吸收压力能。蓄能器与离合器或制功器并联安装，压力油进入离合器或制动器活塞 A 工作腔的同时也进入蓄能器，将蓄能器活塞 B 压下，给蓄能器充油，以此方式降低活塞 A 工作腔的压力，防止离合器片或制功器片快速接合时引起的冲击。

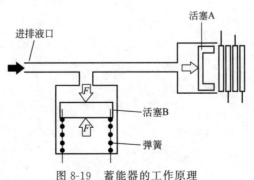

图 8-19　蓄能器的工作原理

如图 8-20 所示自动变速器装有 3 个蓄能器，分别与三个前进挡换挡执行元件（两个离合器和一个制动器）的油路相通，在各挡动作时起作用。当变速器换挡时，主油路在进入离合器等换挡执行元件的同时也进入蓄能器的活塞下部。在压力油刚通入执行元件时，油压迅速增长，消除离合器、制动器等执行元件摩擦片间的自由间隙，随后压力增长到一定程度后，克服蓄能器弹簧力与来自液压泵的管路压力使蓄能器活塞上升，容积增大，油路中部分压力油进入蓄能器工作腔，充油时间延长，油压的增长速度减缓，摩擦片逐渐接合，满足了离合器接合过程中液压缸压力增长先快后慢的要求，因而减小了换挡冲击，使其接合平顺。显然，若没有蓄能器，摩擦片将在瞬间接合并被加载，从而造成较大的换挡冲击。

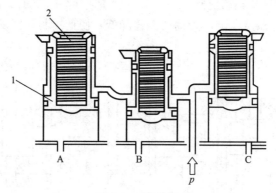

图 8-20　蓄能器

1—活塞；2—弹簧；A,B,C—通向换挡执行元件的油路；p—节气门油压

第9章 汽车典型液压系统分析

液压传动技术应用领域广泛,液压系统种类繁多。以下通过对几个典型汽车液压系统的分析,进一步熟悉各液压元件在系统中的作用和各种基本回路的组成,并掌握分析液压系统的方法和步骤。

阅读一个较为复杂的汽车液压系统图,大致可按以下步骤进行。

① 了解汽车功能对液压系统的动作要求。

② 初步浏览整个液压系统,了解系统中包含有哪些元件,并以各个执行元件为中心,将系统分解为若干子系统。

③ 对每一子系统进行分析,弄清楚其中含有哪些基本回路,然后根据执行元件的动作要求,参照动作循环图读懂这一子系统。

④ 根据液压系统中各执行元件间互锁、同步、防干涉等要求,分析各子系统之间的联系。

⑤ 在全面读懂系统的基础上,归纳总结整个系统有哪些特点,以加深对系统的理解。

9.1 自卸汽车液压系统

9.1.1 自卸汽车液压系统的组成及原理

自卸汽车自问世以来,不断发展,日趋完善,已成为当今货物运输的主要车辆之一。

自卸汽车具有高度机动性和卸货机械化的优点,通常与铲式装载机、挖掘机等机械配套使用,从而可以大大缩短装卸时间,提高运输效率,并可以节省劳动力,减轻劳动强度,在城市化的建设中逐渐大量采用。

如图 9-1 所示为 QD351 型自卸汽车的液压系统,与其他载货车的主要区别是这种汽车的货厢采用了举升液压系统装置,它可以依靠液压缸驱动汽车货厢倾翻来自卸货物。其货厢举升液压系统的主要元件和作用如下。

① 动力元件。液压泵为外啮合齿轮泵,额定压力为 10MPa,是系统的动力元件。

② 执行元件。两个规格相同的双作用伸缩套筒式液压缸控制车厢升降。

③ 控制元件。四位四通手动滑阀控制油路通、断、换向等,使液压缸完成复位、举升、中停、下降等动作(两液压缸需要动作同步),溢流阀起限压保护作用。

④ 辅助元件。粗过滤器、清洁油液、保护液压泵、精过滤器、油箱、储油箱、散热装置等。

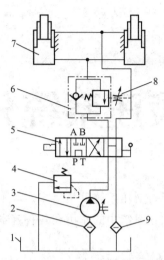

图 9-1　QD351 型自卸汽车的液压系统

1—油箱；2—粗过滤器；3—液压泵；4—限压阀；5—手动换向阀；6—平衡阀；
7—伸缩液压缸；8—节流阀；9—精过滤器

9.1.2　自卸汽车液压系统工作过程

自卸汽车货厢举升液压系统的动力装置为齿轮液压泵 3，由四位四通手动换向阀 5 来控制油路的通、断，使液压缸完成停止、举升、中停、下降等动作，同时限压阀 4 调节系统最高工作压力，主要工作过程如下。

(1) 停止

当手动换向阀 5 处于最右位时，换向阀使油路的通断状态为 H 型，这样液压泵 3 处于卸荷状态，液压油直接回油箱，不供给液压缸，而伸缩液压缸 7 处于停止状态，没有液压油驱动，货厢处于未举升状态，即货厢为水平状态。

(2) 举升

当换向阀处于最左端位时，液压泵输出的液压油进入伸缩式液压缸下腔，推动液压缸伸出，带动货厢举升。工作油路：油箱→粗过滤器→液压泵→换向阀最左位→平衡阀→液压缸下腔→液压缸上腔→换向阀最左位→精过滤器→油箱。

(3) 中停

当换向阀处于左数二位时，液压泵输出的液压油直接回油箱，处于卸荷状态，液压缸得不到液压油，同时，液压缸的两腔都处于锁止状态，所以液压缸被锁紧在任何位置。

(4) 下降

当换向阀处于左数三位时，液压泵输出的液压油经换向阀进入液压缸的上腔，推动液压缸缩回，带动货厢下降。此时，平衡阀 6（由液控顺序阀和单向阀组成）对液压缸下腔的回油起到背压作用，保证液压缸只有在液压油的驱动下才能下降，防止液压缸在货物自重作用下而自动下降。同时，为控制货厢下降的速度，用节流阀 8 来控制平衡阀中的溢流阀的开启速度，进而控制液压缸的回油速度，达到控制货厢下降速度的目的。

工作油路：油箱→粗过滤器→液压泵→换向阀最左位→液压缸上腔→液压缸下腔→平衡阀中的溢流阀→换向阀左三位→精过滤器→油箱。

由以上分析可知，该系统油路中包含以下几个液压基本回路，即手动换向阀5控制的换向回路、滑阀右位和左二位控制的卸荷回路、限压阀4控制的限压回路以及两个液压缸组成的同步工作回路。

9.2 压缩式垃圾运输车液压系统

压缩式垃圾车是装备有液压举升机构和尾部填塞器，能将垃圾自行装入、压缩、转运和倾卸的专用自卸汽车，主要用于收集、转运袋装生活垃圾。它与其他形式的垃圾运输汽车的区别是能压缩、破碎垃圾，增大装载质量。经压缩可将密度为 $200\sim400kg/m^3$ 的生活垃圾压缩到密度为 $400\sim600kg/m^3$。

压缩式垃圾车的专用工作装置主要由车厢和装载厢两部分组成，这种垃圾车的结构如图 9-2 所示。车厢 1 固联于汽车底盘车架上。装载厢 2 位于车厢后端，其上角与车厢铰接，并可由举升液压缸驱动其绕铰接轴转动。垃圾从装载厢后部入口处装入，再经装载厢内的压缩机构进行压缩处理，最后将垃圾向前挤压入车厢内压实。车厢设有液压缸驱动的推板，卸出垃圾时，首先装载厢被举升液压缸向后掀起，车厢后端呈敞开状态，然后推板将垃圾向后推出车厢。该车既可采用手工方式收集垃圾，也可采用吊升机构将桶装垃圾倾倒入装载厢内。

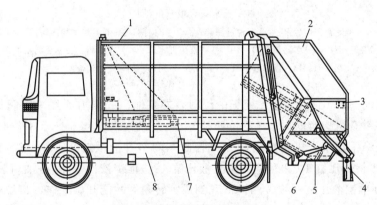

图 9-2 后装压缩式垃圾运输车

1—车厢；2—装载厢；3—电气按钮；4—吊升机构；5—压缩机构；6—液压装置；7—推板；8—汽车底盘

9.2.1 压缩式垃圾车液压系统的工作原理

压缩式垃圾车各主要机构的运动均为液压驱动。各液压缸运动应按顺序动作，不得出现干涉。图 9-3 所示为压缩式垃圾车的液压系统。该系统采用双联高压齿轮泵供油，其中右泵向压缩机构、填装机构提供动力；左泵向推铲机构、装载厢举升机构和车厢举升机构提供动力。右泵的排量大于左泵的排量。这样的设计能加快装填速度，满足各部分的工况要求。

当常开式电磁溢流阀不通电时，右泵处于卸荷状态，压力油经电磁溢流阀、回油过滤器回流到油箱。当电磁溢流阀通电时，压力油由右泵经单向阀 4，通过电磁先导的双联电液换向阀驱动压缩液压缸 13 和 14 工作，对垃圾进行压缩。电液换向阀 15 受电控系统控制。

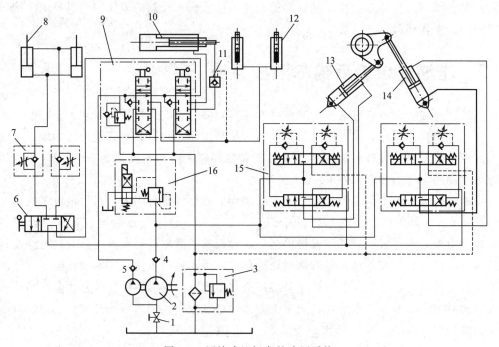

图 9-3 压缩式垃圾车的液压系统

1—截止阀；2—双联高压齿轮泵；3—回油过滤器；4,5—单向阀；6—举升机构换向阀；7—单向节流阀；
8—车厢举升液压缸；9—多路换向阀；10—推铲液压缸；11—液控单向阀；12—装载厢举升液压缸；
13,14—压缩液压缸；15—电液换向阀；16—电磁溢流阀

在多路换向阀 9（三位六通）处于中位时，左泵输出的压力油经单向阀 5、多路换向阀 9 中位流到举升机构换向阀 6（三位四通），举升机构换向阀 6 处于中位时，左泵处于卸载状态。操纵手动举升机构换向阀 6 可控制车厢举升液压缸 8 工作。操纵多路换向阀 9，分别控制推铲液压缸 10 和装载厢举升液压缸 12。推铲液压缸 10 进油口装有液控单向阀 11，以保证推铲液压缸在装载厢被举升到最大转角后才能开始工作，将垃圾推出车厢。

9.2.2 压缩式垃圾车液压系统的特点

① 车厢举升液压缸的运动采用双向节流调速回路调速，当举升机构换向阀 6 处于中位时，由于单向节流阀 7 中单向阀的锁闭作用，车厢举升液压缸 8 可以在任意位置停止，因此车厢可以在工作倾角内停留在任意倾角上推卸垃圾。

② 车厢举升液压缸 8、推铲液压缸 10、装载箱举升液压缸 12 采用多路换向阀 9、举升机构换向阀 6 操纵。推铲液压缸 10 和装载箱举升液压缸 12，通过液控单向阀 11 构成顺序动作回路，只有装载箱举升液压缸 12 到最大位置，推铲液压缸 10 才能工作。

③ 采用并联的两个电液换向阀 15，控制两个压缩液压缸 13、14 的动作，实现复杂的压缩机构运动。

④ 小流量的左泵采用举升机构换向阀 6 的中位 M 机能卸荷，而大流量的右泵采用电

磁溢流阀卸荷,卸荷方式与流量相适应。

9.3 汽车起重机液压系统

9.3.1 主机功能

汽车起重机是将起重机安装在汽车底盘上的一种起重运输设备。如图9-4所示,它主要由起升、回转、变幅、伸缩和支腿等工作机构组成,这些动作的完成由液压系统来实现。对于汽车起重机的液压系统,一般要求输出力大、动作平稳、耐冲击以及操作灵活、方便、可靠、安全。

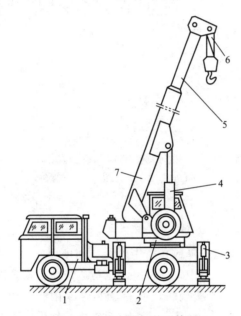

图 9-4 汽车起重机外形简图

1—载重汽车;2—回转机构;3—支腿;4—吊臂变幅缸;5—吊臂伸缩缸;6—起升机构;7—基本臂

9.3.2 液压系统的工作原理

如图9-5所示是汽车起重机液压系统原理,其工作原理如下。

(1) 支腿回路

汽车轮胎的承载能力是有限的,在起吊重物时,必须由支腿液压缸来承受负载,而使轮胎架空,这样也可以防止起吊时整机的前倾或颠覆。支腿动作的顺序:缸9锁紧后桥板簧,同时缸8放下后支腿到所需位置,再由缸10放下前支腿。作业结束后,先收前支腿,再收后支腿。当手动换向阀6右位接入工作时,后支腿放下,其油路为泵1→过滤器2→阀3左位→阀5中位→阀6右位→锁紧缸下腔锁紧板簧→液压锁7→缸8下腔。

回油路为缸8上腔→双向液压锁7→阀6右位→油箱;缸9上腔→阀6右位→油箱。

回路中的双向液压锁7和11的作用是防止液压支腿在支撑过程中因泄漏出现"软腿现象",或行走过程中支腿自行下落,或因管道破裂而发生倾斜事故。

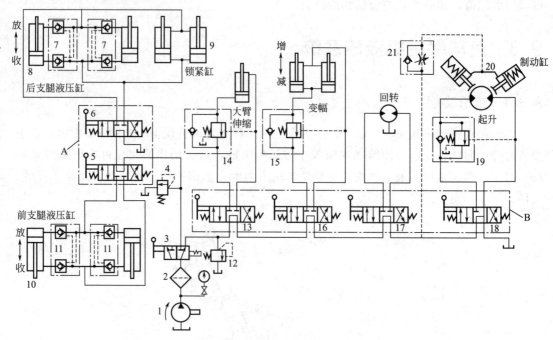

图 9-5 汽车起重机液压系统原理

1—液压泵；2—过滤器；3—二位三通手动换向阀；4,12—溢流阀；5,6,13,16～18—三位四通手动换向阀；7,11—液压锁；8—后支腿缸；9—锁紧缸；10—前支腿缸；14,15,19—平衡阀；20—制动缸；21—单向节流阀

(2) 起升回路

起升机构要求所吊重物可升降或在空中停留，速度要平稳、变速要方便、冲击要小、启动转矩和制动力要大，本回路中采用柱塞液压马达带动重物升降，变速和换向是通过改变手动换向阀18的开口大小来实现的，用平衡阀19来限制重物超速下降。单作用液压缸20是制动缸，单向节流阀21的作用：一是保证液压油先进入马达，使马达产生一定的转矩，再解除制动，以防止重物带动马达旋转而向下滑；二是保证吊物升降停止时，制动缸中的油马上与油箱相通，使马达迅速制动。

起升重物时，阀18切换至左位工作，泵1输出的油液经过滤器2、阀3右位、阀13、16、17中位，阀18左位、阀19中的单向阀进入马达左腔；同时压力油经单向节流阀到制动缸20，从而解除制动，使马达旋转。

重物下降时，手动换向阀18切换至右位工作，液压马达反转，回油经阀19的液控顺序阀，阀18右位回油箱。

当停止作业时，阀18处于中位，泵卸荷。制动缸20上的制动瓦在弹簧作用下使液压马达制动。

(3) 大臂伸缩回路

本机大臂伸缩采用单级长液压缸驱动。工作中，改变阀13的开口大小和方向，即可调节大臂运动速度和使大臂伸缩。行走时，应将大臂缩回。大臂缩回时，因液压力与负载力方向一致，为防止吊臂在重力作用下自行收缩，在收缩缸的下腔回油腔安置了平衡阀14，提高了收缩运动的可靠性。

（4）变幅回路

大臂变幅机构用于改变作业高度，要求能带载变幅，动作要平稳。本机采用两个液压缸并联，提高了变幅机构承载能力。其要求以及油路与大臂伸缩油路相同。

（5）回转油路

回转机构要求大臂能在任意方位起吊。本机采用 ZMD40 柱塞液压马达，回转速度 1～3r/min。由于惯性小，一般不设缓冲装置，操作换向阀 17，可使马达正、反转或停止。

9.3.3 液压系统的特点

汽车起重机液压系统的特点如下。

① 因重物在下降时以及大臂收缩和变幅时，负载与液压力方向相同，执行元件会失控，为此，在其回油路上必须设置平衡阀。

② 因工况作业的随机性较大且动作频繁，所以大多采用手动弹簧复位的多路换向阀来控制各动作。换向阀常用 M 型中位机能。当换向阀处于中位时，各执行元件的进油路均被切断，液压泵出口通油箱使泵卸荷，减少了功率损失。

9.4 液压挖掘机液压系统

9.4.1 概述

单斗液压挖掘机由工作装置、回转机构及行走机构三部分组成。工作装置包括动臂、斗杆及铲斗，若更换工作装置，还可进行正铲、抓斗及装载作业。上述所有机构的动作均由液压驱动。

如图 9-6 所示为履带式反铲单斗液压挖掘机简图，其每一个工作循环主要包括以下过程。

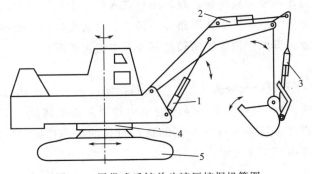

图 9-6　履带式反铲单斗液压挖掘机简图

1—动臂缸；2—斗杆缸；3—铲斗缸；4—回转平台；5—行走履带

（1）挖掘

在坚硬土壤中挖掘时，一般以斗杆缸 2 动作为主，用铲斗缸 3 调整角度，配合挖掘。在松散土壤中挖掘时，则以铲斗缸 3 动作为主，必要时（如铲平基坑底面或修整斜坡等有特殊要求的挖掘动作）铲斗、斗杆、动臂三个液压缸需根据作业要求复合动作，以保证铲斗按特定轨迹运动。

（2）满斗提升及回转

挖掘结束时，铲斗缸推出，动臂缸顶起，满斗提升。同时，回转液压马达转动，驱动回转平台4向卸载方向旋转。

（3）卸载

当转台回转到卸载处时，回转停止。通过动臂缸和铲斗缸配合动作，使铲斗对准卸载位置。然后铲斗缸内缩，铲斗向上翻转卸载。

（4）返回

卸载结束后，转台反转，配以动臂缸、斗杆缸及铲斗缸的复合动作，将空斗返回到新的挖掘位置，开始第二个工作循环。为了调整挖掘点，还要借助行走机构驱动整机行走。

9.4.2 工作原理

国产$1m^3$（即反铲斗容量）履带式单斗液压挖掘机液压系统工作原理如图9-7所示。该系统为高压定量双泵、双回路开式系统，液压泵1、2输出的压力油分别进入两组由三个手动换向阀组成的多路换向阀A、B。进入多路换向阀A的压力油，驱动回转马达3、铲斗缸14，同时经中央回转接头9驱动左履带行走马达5；进入多路换向阀B的压力油，驱动动臂缸16，斗杆缸15，并经中央回转接头9驱动右履带行走马达6。从多路换向阀A、B流出的压力油都要经过限速阀10，进入总回油管，再经背压阀19、冷却器21、过滤器22流回油箱。当各种换向阀均处于中间位置时，构成卸载回路。

液压泵1和液压泵2均为径向柱塞泵，额定工作压力为32MPa。两泵在同一壳体内，每边三个柱塞自成一泵，由同一根曲轴驱动。回转液压马达及行走液压马达均为径向柱塞马达。

（1）一般操作回路

单一动作供油时，操作某一换向阀，即可控制相应执行机构工作；串联供油时，只需同时操作几个换向阀，切断卸载回路，泵的流量进入第一个执行机构，循环后又进入第二个执行机构，以此类推。由于是串联回路，在轻载下可实现多机构的同时动作。各执行机构要短时锁紧或制动，可操作相应换向阀使其处于中位来实现。

（2）合流回路

手控合流阀13在右位时起分流作用。当多路换向阀A控制的执行机构不工作时，操作此阀（使阀处于左位），则液压泵1输出的压力油经多路换向阀A进入多路换向阀B，使两泵合流，从而提高多路换向阀B控制的执行机构的工作速度。一般是动臂、斗杆结构常需快速动作，以提高工作效率。

（3）限速回路

多路换向阀A、B的回油都要经限速阀10流至回油总管。限速阀的作用是自动控制挖掘机下坡时的行走速度，防止超速溜坡。行走马达双速阀7可使马达中的两排柱塞实现串、并联转换，当行走马达双速阀7处于图示位置时，高压油并联进入每个马达的两排油腔，行走马达处于低转速、大转矩工况，此工况常用于道路阻力大或上坡行驶工况。当行走马达双速阀7处于另一位时，可使每个马达的两排油管处于串联工作状态，行走马达输出转矩小，但转速高，行走马达处于高转速、小转矩工况。因而，该挖掘机具有两种行驶速度。此外，为限制动臂和斗杆机构的下降速度和防止它们在自重下超速下降，在它们的支路上设置了单向节流阀17。

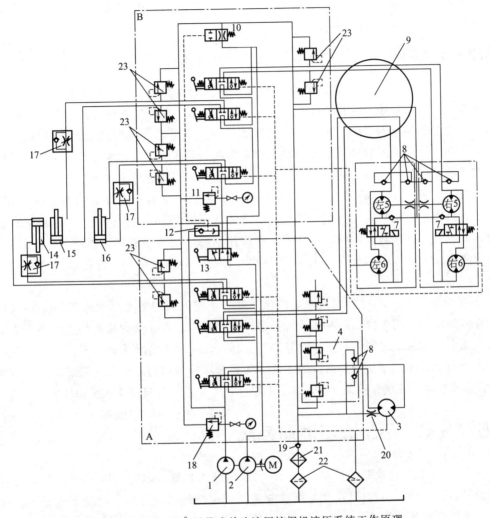

图9-7 国产1m³ 履带式单斗液压挖掘机液压系统工作原理

1,2—液压泵；3—回转马达；4—缓冲补油阀组；5,6—左、右履带行走马达；7—行走马达双速阀；8—补油单向阀；9—中央回转接头；10—限速阀；11,18—溢流阀；12—梭阀；13—合流阀；14—铲斗缸；15—斗杆缸；16—动臂缸；17—单向节流阀；19—背压阀；20—节流阀；21—冷却器；22—过滤器；23—缓冲阀

(4) 调压、安全回路

各执行机构进油路与回油总管之间都设有溢流阀11、18，以分别控制两回路的工作压力，其调定压力均为32MPa。

(5) 背压补油回路

进入液压马达内部（柱塞腔、配油轴内腔）和马达壳体内（渗漏低压油）的液压油温度不同，使马达各零件膨胀不一样，会造成密封滑动面卡死。为防止这种现象发生，通常在马达壳体内（渗漏腔）引出两个油口，一个油口通过节流阀20与有背压的回油路相通，另一个油口直接与油箱相通（无背压）。这样，背压回路中的低压热油（0.8～1.2MPa）

经节流阀 20 减压后进入液压马达壳体，使马达壳体内保持一定的循环油，从而使马达各零件内、外温度和液压油油温保持一致。壳体内油液的循环流动还可冲掉壳体内的磨损物。此外，在行走马达超速时，可通过补油单向阀 8 向马达补油，防止液压马达吸空。

在上述液压系统回路中设置了风冷式冷却器 21，使系统在连续工作条件下油温保持在 50～70℃ 范围内，最高不超过 80℃。

9.4.3 技术特点

① 液压系统具有较高的生产效率，并能充分利用发动机效率。由于该液压挖掘机采用了双泵、双回路系统，液压泵 1、2 分别向多路阀 A、B 控制的执行机构供油，因而分属这两回路中的任意两机构，无论是在轻载还是在重载下，都可实现无干扰的复合动作，例如铲斗和动臂、铲斗和斗杆的复合动作；多路阀 A、B 所控制的执行机构在轻载时也可实现多机构的同时动作。因此，系统具有较高的生产率，能充分利用发动机的功率。

② 系统能保证在负载变化大以及急剧冲击、振动的工作条件下，有足够的可靠性。单斗挖掘机各主要机构启动、制动频繁，工作负荷变化大、振动冲击大。由于系统具有较完善的安全装置（如防止动臂、斗杆因自重快速下降，防止整机超速溜坡的装置等），因而保证了系统在工作负载变化大且有急剧冲击和振动的作业条件下，仍具有可靠的工作性能。

③ 系统液压元件的布置均采用集成化，安装及维修保养方便。如所用的压力调节均集中在多路换向阀阀体内，所有滤清元件集中在油箱上，双速阀同双速马达组成一体。这样，在几个单元总成之间，只需通过管路连接即可，便于安装及维修保养。

④ 由于系统采用了轻便、耐振的油液冷却装置和排油回路，可保证系统在工作环境恶劣、温度变化大、连续作业条件下，油温不超过 80℃，从而保证了系统工作性能的稳定。

9.5 汽车 ABS 液压制动系统

汽车 ABS 液压制动系统是在普通制动系统的液压装置基础上加装 ABS 制动压力调节器而形成的。实质上 ABS 系统就是通过电磁控制阀控制制动油压迅速变大或变小，从而实现了防抱死制动功能。

(1) 汽车 ABS 液压制动装置的组成

汽车 ABS 液压制动装置一般都由轮速传感器、电子控制器和制动压力调节器三大部分组成，如图 9-8 所示。

轮速传感器的作用是对车轮的运动速度进行检测，获得车轮转速信号。电子控制器常用 ECU 表示，简称 ABS 电脑。它的主要作用是接收轮速传感器等输入信号，并进行判断、输出控制指令，控制制动压力调节器等进行工作。另外，ABS 电脑还有监测等功能，如有故障时会使 ABS 停止工作并通过警示灯报警。制动压力调节器是 ABS 中的主要控制元件，其作用是接受 ABS 电脑的指令，控制制动系统的压力增大、保持或减小，以实现制动系压力的调节，对车轮进行防抱死控制。

(2) ABS 的工作原理

通过轮速传感器测量车轮转速并将这一数据传送到 ECU 上，ECU 利用车轮转速传感器信号来计算车速。在制动过程中，车轮转速可与固化在 ECU 中的理想减速度的特性曲线相比较。如果 ECU 判断出车轮减速度太大和车轮即将抱死，它就将信号传送给液压执行装置。液压执行装置根据来自 ECU 的信号能够迅速地对制动器进行保压、减压、升压或常规制动，动作频率能达到 10k/s 以上。ABS 的功用就是控制实际的制动过程，使之接近于理想制动过程。

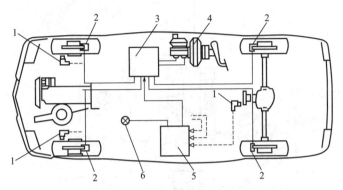

图 9-8　典型的 ABS 液压制动装置的组成

1—轮速传感器；2—制动轮缸；3—制动压力调节器；4—制动主缸；5—电子控制器；6—报警灯

在一般制动情况下，防抱死制动系统与常规制动器的工作方式完全相同，驾驶员踩在制动踏板上的力较小，通过制动轮缸对制动器施加压力，车轮不会被抱死，制动力完全由驾驶员踩在制动踏板上的力来控制 ECU 不输出控制信号，如果在紧急情况下制动，或在松软路面上制动，控制装置将车轮转速与车辆的减速度进行比较。如果车轮即将抱死，ECU 就向液压执行装置输出信号调节制动器的制动力，使车轮不会被抱死。

(3) 汽车 ABS 液压制动系统的工作过程

汽车 ABS 液压系统的工作过程实际就是制动压力调节器的工作过程。制动压力调节器根据 ABS 电脑的指令，来自动调节车轮制动器的制动压力。

目前多数汽车 ABS 液压系统均采用循环式制动压力调节器，调节器主要由电磁阀、液压泵和蓄能器等组成。循环式制动压力调节器通过串联在制动主缸与制动轮缸之间的电磁阀控制制动轮缸的制动压力，以实现汽车制动，其液压系统如图 9-9 所示。

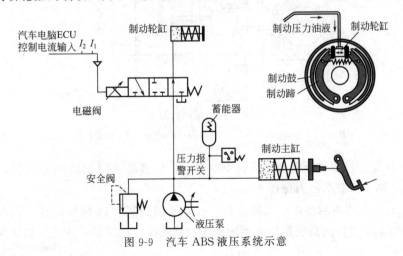

图 9-9　汽车 ABS 液压系统示意

循环式制动压力调节器具体的工作过程如下。

① 常规制动过程。常规制动过程如图 9-10 所示。电磁阀不通电，衔铁在图示位置，主缸和轮缸管路相通，制动主缸可随时控制制动压力的增减。此时的液压泵不工作。

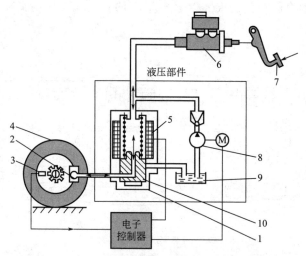

图 9-10　常规制动过程

1—电磁阀；2—轮缸；3—传感器；4—车轮；5—线圈；6—主缸；7—踏板；8—液压泵；9—油箱；10—柱塞

② 减压过程。当电脑给电磁阀提供较大电流时，柱塞移至上端，制动主缸和制动轮缸的通路被断开，制动轮缸和油箱接通，轮缸的制动液流入油箱，制动压力下降。与此同时，液压泵工作，把流回油箱的制动液加压后送回制动主缸，如图 9-11 所示。

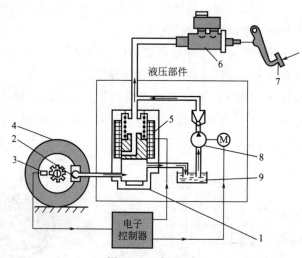

图 9-11　减压过程

1—电磁阀；2—轮缸；3—传感器；4—车轮；5—线圈；6—主缸；7—踏板；8—电动泵；9—储液器

③ 保压过程。当电脑给电磁阀通较小电流时，柱塞移至图 9-12 所示位置，所有的通路都被断开，制动器制动压力保持不变。

④ 增压过程。当电脑使电磁阀断电后，柱塞又回到图 9-13 所示位置。制动主缸和制动轮缸再次相通，主缸的高压制动液再次进入制动轮缸，增加制动压力。增压和减压的速

度可直接通过电磁阀的进出油口来控制。

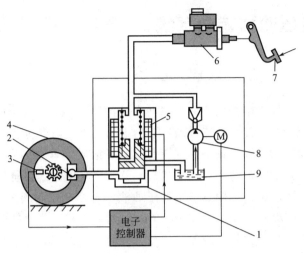

图 9-12 保压过程

1—电磁阀；2—轮缸；3—传感器；4—车轮；5—线圈；6—主缸；7—踏板；8—电动泵；9—储液器

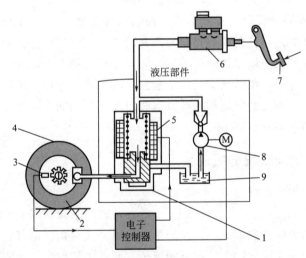

图 9-13 增压过程

1—电磁阀；2—轮缸；3—传感器；4—车轮；5—线圈；6—主缸；7—踏板；8—电动泵；9—储液器

液压泵是一个高压泵，它可在短时间内将制动液加压到 15～18MPa，并给整个液压系统提供高压制动液体。液压泵能在汽车启动 1min 内完成上述工作。液压泵的工作独立于 ABS 电脑，如果电脑出现故障或接线有问题，液压泵仍能正常工作。

通常，ABS 只有在汽车速度达到一定程度时，才会对制动过程中趋于抱死的车轮的制动压力进行调节。当汽车速度降到一定程度时，因为车速很低，车轮制动抱死对汽车制动性能的不利影响很小，为了使汽车尽快制动停车，ABS 就会自动终止防抱死制动压力调节，其车轮仍可能被制动抱死。

在制动过程中，如果常规制动系统发生故障，ABS 会随之失去控制作用。若只是 ABS 发生故障、常规制动系统正常时，汽车制动过程仍像常规制动过程一样照常进行，只是失去防抱死控制作用。

9.6 汽车液压动力转向系统

9.6.1 液压动力转向系统概述及分类

在汽车转向系统中增设动力装置称为"动力转向"。一般来说，在即将停车时车速较低，方向盘的操纵较费力，随着车速增加，方向盘的操纵逐渐变得轻快。因此，如果将停车或低速时的转向操纵力设计得较小，则在高速行驶时转向就会"发飘"。为了实现在各种条件下，操纵方向盘所需的力都在最佳状态，就需要采用液压转向装置。目前的动力转向装置均采用液压作为动力，利用液压泵加压油液，再经过控制阀来调节液压油的流量，根据汽车的行驶状态控制转向系统。在转向时，转向动作仍由驾驶员来完成，但作用在转向机构上的力则由动力装置提供，因此能使操纵方向盘轻便省力。

① 液压动力转向系统按控制阀形式分为滑阀式和转阀式两种。

② 按动力缸、控制阀和转向器的相互位置可分为整体式和分置式两种。动力缸、控制阀与转向器合为一体的为整体式，动力缸和转向器分开布置的为分置式。

③ 按控制阀的安装位置分为三种形式：控制阀装在转向器上的为半整体式，控制阀装在动力缸上的为联阀式，控制阀装在转向器和动力缸之间的拉杆上的为联杆式。

液压式动力转向系统是以液体的压力为动力完成转向加力动作的，液压动力转向的工作压力高、动力缸尺寸小、结构紧凑；由于油液具有不可压缩性，所以液压式动力转向灵敏度高、系统刚性好；油液的阻尼作用可以吸收路面冲击；动力装置也无需润滑。缺点是结构复杂，对加工精度和密封要求较高。

9.6.2 液压动力转向系统的组成和工作原理

（1）整体式动力转向系统

如图9-14所示为整体式动力转向系统。该动力转向系统由转向油箱、转向液压泵、转向管路、整体式动力转向器组成。控制阀可以是滑阀式结构，也可以用转阀式结构。

直线行驶时，由于无转向动作，控制阀处于常开的中间位置，油液通过控制阀直接回到油箱。

当需要转向时，向转向轴（阀芯）输入一个转向指令，若地面转向阻力大，则转向轴在外力作用下将产生一个相对阀套的角位移，使转阀每个台肩一侧油路全开，另一侧全闭。这样液压泵供来的油沿被打开的油路向液压缸中相应的一腔供油，推动齿条活塞移动。而齿条活塞通过齿扇轴、摇臂、直拉杆与车轮相连，由于地面转向阻力较大，在活塞上产生阻力阻止其移动，使该腔油压升高，直到油压在活塞一侧产生的推力足够大，超过地面转向阻力后活塞开始移动，通过中间传力件带动车轮转向。车轮转向阻力减小，在活塞上产生的阻力也会减小，工作腔油压也会相应降低，降到仍能维持车轮继续转动。此时，另一腔的油在活塞推动下沿回油路回到转向油箱。转向轴停止转动时，阀芯和阀套回到中间常开位置，液压泵供来的油不再流入任何一腔，直接回到油箱。动力转向系统是一个典型的液压伺服系统。

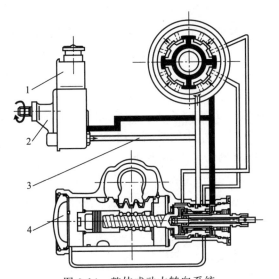

图 9-14 整体式动力转向系统
1—油箱；2—液压泵；3—管路；4—动力转向器

(2) 半整体式动力转向系统

如图 9-15 所示为半整体式动力转向系统。该转向系统中的转向装置大都是滑阀式结构。当方向盘保持不动时，控制阀中的滑阀 12 在定心弹簧作用下位于阀体 11 的中间常开位置。从液压泵 10 供来的油液经管路流入控制阀进油孔、中间台肩两侧与阀体台肩之间的缝隙，再经回油孔和回油管路流回油箱 9。这时，动力缸活塞两边均与油箱相通，活塞两边无压力差，不产生移动，不起转向助力作用。

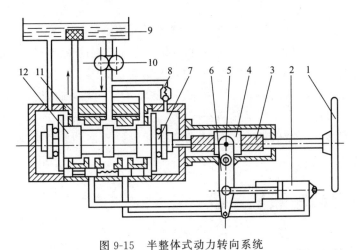

图 9-15 半整体式动力转向系统
1—方向盘；2—动力缸；3—转向螺杆；4—转向螺母；5—摇臂轴；6—转向摇臂；7—复位装置；
8—单向阀；9—油箱；10—液压泵；11—阀体；12—滑阀

当向左转动方向盘时，由于地面转向阻力较大，在转动开始时，与车轮刚性连接的转向螺母 4 保持不动，势必使转向螺杆 3 受到转向螺母 4 的轴向作用力，在克服定心弹簧张力之后带动滑阀 12 向左移动；这样就关闭了滑阀中间台肩左侧的缝隙，开大了右侧的缝隙，使液压泵 10 供来的油液通过分配阀，沿管路流入动力缸 2 活塞的右腔；活塞因受外界阻力作用建立起压力，并被推动左移，带动转向摇臂 6 摆动和带动直拉杆使车轮左转；同时，动力缸活塞左侧的油液被排出，经管路流到控制阀，再经阀体回油孔和回油管路流回油箱。同理，在方向盘向右转动时也如此。

(3) 联阀式动力转向系统

如图 9-16 所示为联阀式动力转向系统。该系统的控制阀与动力缸合为一体，当方向盘 1 保持不动时，动力缸前部控制阀中的滑阀 12 在复位装置 13 中的定心弹簧作用下，位于阀体的中间常开位置，液压泵 9 提供压力油，经过油管流入阀体 11 的进油孔，再经过滑阀 12 中间台肩与阀体台肩之间的缝隙、回油孔回油管路流回油箱 8。此时，动力缸活塞两边均与油箱 8 相通，活塞两边无压力差，不起转向助力作用。

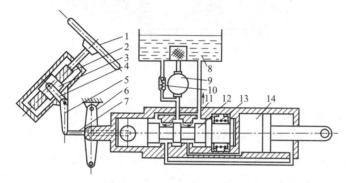

图 9-16 联阀式动力转向系统

1—方向盘；2—螺杆；3—螺母；4—摇臂轴；5—摇臂；6—中间摇臂；7—副拉杆；8—油箱；
9—液压泵；10—溢流阀；11—阀体；12—滑阀；13—复位装置；14—动力缸

向左转动方向盘，通过转向器使摇臂 5 摆动，带动副拉杆 7 操纵动力缸前部的控制阀。由于地面阻力较大，与车轮刚性连接的动力缸前端控制阀阀体 11 先保持不动，而副拉杆 7 势必带动滑阀 12 克服定心弹簧的张力向左移动，关闭了滑阀中间台肩左侧的缝隙，开大了右侧的缝隙，油液经阀体上的孔道直接流进动力缸前腔，推动缸体左移，从而带动中间摇臂 6 摆动，通过直拉杆使车轮向左转动。同时，动力缸后腔的油液被排出，经动力缸外侧的管路回到阀体，经阀体上的回油孔和回油管路流回油箱。方向盘向右转向也是如此。

9.7 污泥自卸车液压系统

9.7.1 液压系统的功能

污泥自卸车是用于城市下水道污泥的专用运输设备，由车厢、污泥桶提升装置、底盘、门盖等组成。污泥桶提升装置是该车的重要工作部件，用于将污泥桶提升到一定高度运输后将桶内的污泥倾倒入车厢内。带有门及门盖的车厢为全封闭结构，用于承载污泥，可消除运输物料在途中的抛、洒、滴、漏，防止对城市环境的二次污染。车厢的举升自卸、门盖启闭和污泥桶升降均由液压缸驱动。

9.7.2 液压系统的组成及工作原理

如图 9-17 所示为污泥自卸车的液压系统。系统的油源为定量液压泵 10，其供油压力由溢流阀 9 调定。系统的执行元件为车厢举升液压缸 1、门盖启闭液压缸 2 与污泥桶提升装置液压缸 3。液压缸 1 的运动方向由二位三通手动换向阀 6 和三位四通手动换向阀 7 和 8 控制，液压缸 2 和 3 分别采用节流阀 4 和 5 进行调速。

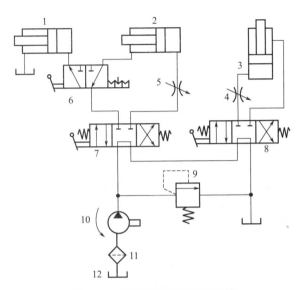

图 9-17 污泥自卸车的液压系统

1—车厢举升液压缸；2—门盖启闭液压缸；3—污泥桶提升装置液压缸；4,5—节流阀；
6~8—换向阀；9—溢流阀；10—液压泵；11—过滤器；12—油箱

液压系统的工作原理：将装满污泥的污泥桶推向提升装置并将其挂在挂钩上，将换向阀 8 切换至左位，液压泵 10 的压力油经阀 7、8 和阀 4 进入液压缸 3 的无杆腔，带动污泥桶缓慢向上运动，有杆腔经阀 8 向油箱排油。当向上运动到一定位置时，由提升装置中的机械锁止机构锁住污泥桶，并通过机械倾倒机构实现污泥桶自动翻转倾倒。倾倒完成后，将换向阀 8 切换至右位，液压泵 10 的压力油经阀 7 和阀 8 进入液压缸 3 的有杆腔，无杆腔经阀 4 和阀 8 向油箱排油，带动污泥桶缓慢下降，直至落地后与提升装置自动脱开。

当将装满污泥的自卸车驶至卸料地点停稳后，将换向阀 7 切换至左位，液压泵 10 的压力油经阀 7 和阀 6 进入液压缸 2 的有杆腔，缓慢拉动活动门盖使之打开，液压缸 2 无杆腔经阀 5 和阀 7、8 向油箱排油；再将换向阀 6 切换至左位工作，液压泵 10 的压力油经阀 7、阀 6 进入液压缸 1 的无杆腔，举升车厢并自动卸下污泥。污泥卸完后，使换向阀 7 切换至右位，车厢慢慢落下。最后，换向阀 7 切换至右位，液压泵 10 的压力油经阀 7 和阀 5 进入液压缸 2 的无杆腔，驱动门盖慢慢关闭，至此完成卸料过程。

9.7.3 液压系统的特点

污泥自卸车采用带有门盖的全封闭车厢，消除了污水外溢造成的二次污染；卸下门盖后该车还可以装卸固体物料，一车多用。该车运输效率高，耗油低，操作劳动强度低；车厢举升、门盖启闭及污泥桶提升采用液压驱动，三个液压回路通过电磁阀和手动换向阀实现动作顺序转换及互锁控制，提高了工作的可靠性。

9.8 路面清扫车液压系统

路面清扫车是一种环保专用车，它有4个清扫装置，前面2个清扫装置布置在车辆的两侧，称为外扫，工作时伸出、放下，转场时提升、收回；后面2个清扫装置布置在车辆底盘下，将垃圾扫入真空吸口，吸入箱体，称为内扫。如图9-18所示为路面清扫车液压系统结构原理，整个系统分为清扫工作装置和箱体倾卸机构两个独立的液压传动系统，但共用一个油箱。

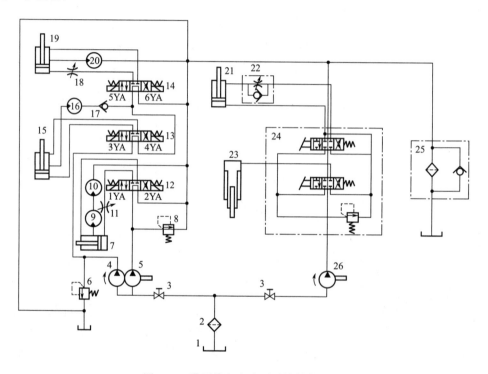

图9-18 路面清扫车液压系统结构原理

1—油箱；2—过滤器；3—截止阀；4,5,26—液压泵；6,8—溢流阀；7—内扫提升缸；9,10—内扫液压马达；11,18—节流阀；12~14—电磁换向阀；15—左扫提升缸；16—左扫液压马达；17—背压阀；19—右扫提升缸；20—右扫液压马达；21—后门开闭缸；22—单向节流阀；23—倾卸缸；24—多路换向阀；25—回油过滤器

9.8.1 清扫工作装置液压动力系统

双联液压泵4、5由辅助发动机驱动，液压泵4向外扫装置供油；液压泵5向内扫装置供油。电磁换向阀12控制吸口与内侧装置的双作用内扫提升缸7动作，可以实现吸口与内扫装置的提升与放下，以及两串联的内扫液压马达9、10的旋转。电磁换向阀13、14分别控制左、右扫提升缸15、19的提升与放下，以及左、右扫液压马达16、20的旋转。

3个提升缸采用了特殊结构,只有当清扫装置放下后,液压马达才能旋转带动清扫刷工作。溢流阀6、8分别限定双联液压泵4、5的最大工作压力。

清扫工作方式及电磁铁动作如表9-1所示。

表9-1 清扫工作方式及电磁铁动作

清扫工作方式	电磁铁动作					
	1YA	2YA	3YA	4YA	5YA	6YA
内扫单独工作	−	+	−	−	−	−
内扫和左外扫同时工作	−	+	−	+	−	−
内扫和右外扫同时工作	−	+	−	−	−	+
内扫、外扫同时工作	−	+	−	+	−	+
内扫和吸口提升	+	−	−	−	−	−
左外扫提升收回	−	−	+	−	−	−
右外扫提升收回	−	−	−	−	+	−
原位状态	−	−	−	−	−	−

注:"+"表示电磁铁通电;"−"表示电磁铁断电。

9.8.2 倾卸机构液压系统

液压泵26的动力来自汽车底盘取力箱,因此,倾卸机构动作时必须先使取力箱工作,其操纵手柄位于驾驶室内的中部。采用并联油路的两个多路换向阀24分别控制举升用多级套筒倾卸缸23及后门开闭缸21。单向节流阀22可以调节后门的关闭速度。系统的压力由多路换向阀24中的溢流阀调节,在多路换向阀上有测压排气接头。系统工作时应避免两换向阀同时动作,一般是先操纵后门开闭缸21打开箱体后门,然后操纵多级套筒倾卸缸23举升箱体倾卸垃圾。

第10章 气压传动

10.1 气源装置及辅助元件

10.1.1 气源装置

用于产生、处理和贮存压缩空气的设备称为气源装置,其功能是为气动系统提供满足一定质量要求的清洁、干燥的压缩空气。

如图10-1所示,气源装置一般由空气压缩机以及空气冷却、净化、干燥、贮存设备等组成。

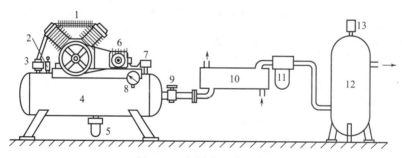

图10-1 气源装置的组成

1—空气压缩机;2,13—安全阀;3—单向阀;4—小气罐;5—排水器;6—电动机;
7—压力开关;8—压力表;9—截止阀;10—后冷却器;11—油水分离器;12—大气罐

(1) 空气压缩机

空气压缩机的功能:将原动机(电动机或内燃机)的机械能转变成气体的压力能,从而为气动系统提供动力源。

空气压缩机的分类:根据生成压缩空气的方式,空气压缩机可分为容积式和动力式。

如图10-2所示为容积式空气压缩机的结构原理及图形符号,其工作过程可分为吸气过程和排气过程。

吸气过程:曲柄8回转带动气缸活塞3做直线往复运动,当活塞3向右运动时,气缸2内容积增大形成局部真空,在大气压作用下,吸气阀9打开,大气进入气缸2。

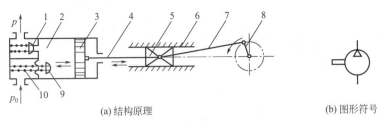

(a) 结构原理　　　　　　　　　(b) 图形符号

图 10-2　容积式空气压缩机的结构原理及图形符号

1—排气阀；2—气缸；3—活塞；4—活塞杆；5—滑块；6—滑道；7—连杆；8—曲柄；9—吸气阀；10—弹簧

排气过程：当活塞 3 向左运动时，气缸 2 内容积缩小，气体被压缩，压力升高，排气阀 1 打开，压缩空气排入储气罐。

（2）后冷却器

后冷却器的功能：对压缩机产生的压缩空气进行冷却降温处理。

一般从空气压缩机输出的压缩空气温度很高，压缩空气中所含的油、水均以气态形式存在。为防止气态的水和油对储气罐或气动设备产生腐蚀和损害。需在压缩机出口之后，安装后冷却器使压缩空气降温至 40~50℃，使其中的大部分水汽、油雾凝结成水滴和油滴后分离。

后冷却器按冷却方式不同，一般分为风冷式和水冷式两种。

如图 10-3 所示为水冷式后冷却器的结构原理及图形符号，在工作时，一般是冷却水在管内流动，空气在管间流动。水与空气的流动方向相反，因为水冷式后冷却器冷却介质为水，所以它的冷却效率较高。压缩空气在冷却过程中生成的冷凝液可通过排水器排出。

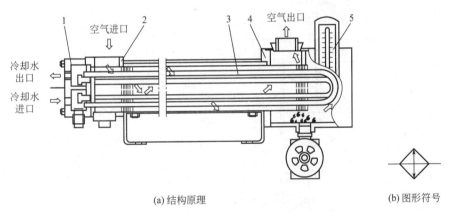

(a) 结构原理　　　　　　　　　(b) 图形符号

图 10-3　水冷式后冷却器的结构原理及图形符号

1—水室盖；2—外筒；3—带散热片的管束；4—气室盖；5—出口温度计

（3）储气罐

储气罐的主要作用是贮存一定量的压缩空气，减少气流的脉动，稳定气压，保证气流的连续性，减少管道的振动，进一步分离压缩空气中的水分、油分和杂质。储气罐一般为圆筒形焊接结构，从结构形式上可分为立式储气罐和卧式储气罐。如图 10-4 所示为储气罐结构及其图形符号。

（4）油水分离器

油水分离器的功能：将压缩空气中的水分、油分和灰尘等分离出来。

油水分离器一般位于后冷却器后端的气源管路上,将压缩空气中的水分、油分和灰尘进行分离,从而实现对压缩空气的初步净化。油水分离器按结构形式分可以分为撞击挡板式、离心旋转式、水浴式等多种形式。

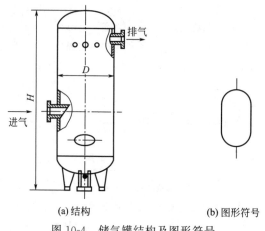

(a) 结构　　　　(b) 图形符号

图 10-4　储气罐结构及图形符号

如图 10-5 所示,当压缩空气由进气管进入分离器后,气流受到隔板的阻挡,速度和流向发生了急剧的变化,压缩空气中凝结的水滴、油滴、灰尘等杂质受到惯性力而被分离出来。

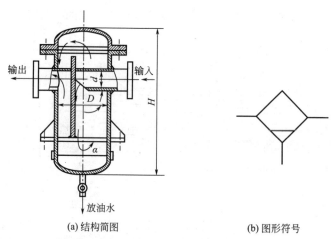

(a) 结构简图　　　　(b) 图形符号

图 10-5　油水分离器的结构简图及图形符号

(5) 干燥器

干燥器的功能:压缩空气经后冷却器、油水分离器、储气罐、主管路过滤器得到初步净化后,仍含有一定量的水蒸气。气动回路在充、排气过程中,元件内部存在高速流动处或气流发生绝热膨胀处,温度要下降,空气中的水蒸气就会冷凝成水滴,这对气动元件的工作会产生不利的影响。故有些应用场合,必须进一步清除水蒸气。干燥器就是用来进一步清除水蒸气的,但不能依靠它清除油分。

干燥器的主要类别:干燥器根据滤出水分的方法不同可以分为冷冻式干燥器、吸附式干燥器、吸收式干燥器、中空膜式干燥器等。干燥器的结构原理及图形符号如图 10-6 所示。

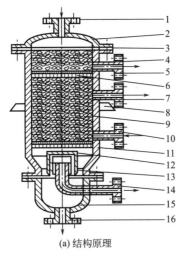

(a) 结构原理　　　　　　　　(b) 图形符号

图 10-6　干燥器的结构原理及图形符号

1—湿空气进气口；2—上封头；3—密封；4,7—再生空气排气口；5,13—钢丝滤网；
6—上栅板；8—支撑架；9—下吸附层；10—再生空气进气口；11—主体；
12—毛毡层；14—干空气排气口；15—下封头；16—排水口

10.1.2　其他辅助元件

（1）油雾器

油雾器的功能：为保证气动元件工作可靠，延长使用寿命，常常对控制阀和气缸采取润滑措施。在封闭的空气管道内不能随意向气动元件注入润滑油，这就需要一种特殊的注油装置——油雾器。它可以将润滑油雾化为微小颗粒，并随压缩空气进入气动元件中。特点是润滑均匀、稳定、耗油量小等。

油雾器的结构原理及图形符号如图 10-7 所示。压缩空气从输入口进入后，通过喷嘴组件 1 上的小孔进入截止阀座 4，其中的大部分气体从出口排出，一小部分气体经过孔 a、截止阀 2 进入储油杯 5 的上方 c 腔中，油液在压缩空气的气压作用下沿吸油管 6、单向阀 7 和节流针阀 8 滴入透明的视油器 9 内，进而滴入主管内。油滴在主管内高速气流的作用下被撕裂成为微小颗粒，随气流进入之后的气动元件中。

（2）消声器

常用的消声器有吸收型消声器和膨胀型消声器。吸收型消声器让压缩空气通过多孔的吸声材料，靠气流流动摩擦生热，使气体的压力能部分转化为热能，从而减少排气噪声。吸收型消声器具有良好的消除中、高频噪声的性能。膨胀干涉型消声器的直径比排气孔径大。气流在里面扩散、碰撞反射，互相干涉，减弱了噪声强度，最后从孔径较大的多孔外壳排入大气。主要用于消除中、低频噪声。

阀用消声器一般采用螺纹连接方式直接安装在阀的排气口上。如图 10-8 所示为阀用消声器排气方式及图形符号。通常在罩壳中设置消声件，并在罩壳上开有许多小孔或沟槽。罩壳材料一般为塑料或铝、黄铜等金属。消声件的材料通常为纤维、多孔塑料、金属烧结物或金属网状物等。

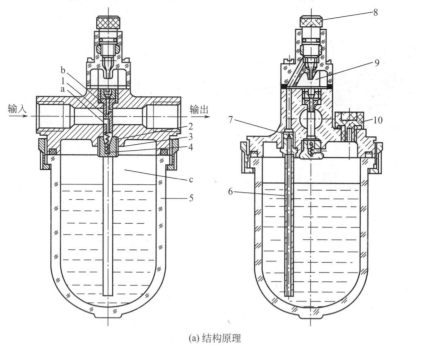

(a) 结构原理　　　　　　　　　　　　(b) 图形符号

图 10-7　油雾器的结构原理及图形符号

1—喷嘴组件；2—截止阀；3—弹簧；4—阀座；5—储油杯；6—吸油管；7—单向阀；
8—节流针阀；9—视油器；10—油塞

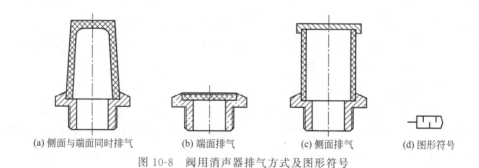

(a) 侧面与端面同时排气　　(b) 端面排气　　(c) 侧面排气　　(d) 图形符号

图 10-8　阀用消声器排气方式及图形符号

(3) 空气组合元件

气动系统中的分水滤气器、减压阀、油雾器常组合在一起使用，俗称气动三联件（图10-9）。三个气动元件的安装顺序为分水滤气器、减压阀、油雾器。分水滤气器、减压阀、油雾器可以和其他阀类一起组合出不同的空气处理组合单元，可以两件组合、三件组合，也可以多件组合。组合单元的选择要根据气动回路元件对压缩空气的要求是否需要减压，是否需要过滤，是否需要润滑来配置。

(4) 气液转换器

使用气压力比液压力简便，但空气有压缩性，难以得到定速运动和低速的平稳运动，液体一般可不考虑压缩性，使用气液转换器，用气压

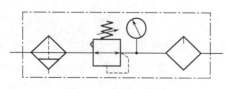

图 10-9　气动三联件

力驱动气液联用缸动作，就避免了空气可压缩性的缺陷，系统启动时或负载变动时，也能得到平稳的运动速度。低速动作时，也没有爬行问题。

将空气压力转换成相同压力的液压力的元件称为气液转换器。它的结构原理及图形符号如图 10-10 所示，隔板将一个圆筒形缸筒分隔成两个腔室，右腔室充满油液，在左腔室输入有压气体后，由于隔板两侧受压面积相同，则右腔室输出与有压气体压力相同的油液。

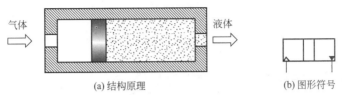

图 10-10　气液转换器的结构原理及图形符号

10.2　气动执行元件

气动执行元件是一种将压缩空气的能量转化为机械能，实现直线、摆动或回转运动的传动装置。气动执行元件有三大类：第一类是产生直线往复运动的气缸；第二类是在一定角度范围内作摆动的摆动马达（也称摆动气缸）；第三类是产生连续转动的气动马达。

10.2.1　气缸

气缸是用于实现直线运动并对外做功的元件，其结构、形状有多种形式，分类方法也很多，常用的有以下几种。

① 按驱动方式分：单作用气缸、双作用气缸。
② 按结构特点分：活塞式气缸、叶片式气缸、膜片式气缸、气-液阻尼缸。
③ 按安装方式分：耳座式气缸、法兰式气缸、轴销式气缸、凸缘式气缸。
④ 按气缸功能分：普通气缸和特殊气缸。

(1) 普通气缸

普通气缸与液压缸相似，由缸筒和缸盖、活塞和活塞杆、密封元件等组成。

① 单作用气缸。单作用气缸（图 10-11）由一侧气口供给气压驱动活塞运动，依靠弹簧力、外力或自重等作用返回。

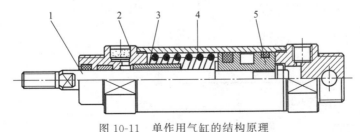

图 10-11　单作用气缸的结构原理
1—活塞杆；2—过滤片；3—止动套；4—弹簧；5—活塞

单作用气缸有预缩型和预伸型两种。预缩型为压缩空气推动活塞，使活塞杆伸出，靠复位力使活塞杆退回。预伸型为压缩空气推动活塞，使活塞杆退回，靠复位力使活塞杆伸出。单作用气缸多用于短行程及对活塞杆推力、运动速度要求不高的场合，如定位和夹紧装置等。

② 双作用气缸。如图 10-12(a) 所示为双作用单杆气缸的结构原理。所谓双作用是指活塞的往复运动均由压缩空气来推动。在单活塞杆的气缸中，因活塞左边面积比较大，当空气压力作用在左边时，提供一个慢速的和作用力大的工作行程；返回行程时，由于活塞右边的面积较小，所以速度较快而作用力变小。如图 10-12(b) 所示为双作用单杆缸的图形符号，也常用作气缸的通用图形符号。

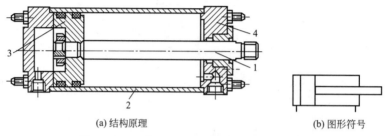

图 10-12　双作用气缸的结构原理及图形符号

1—活塞杆；2—缸筒；3—活塞；4—缸盖

(2) 特殊气缸

① 无杆气缸。无杆气缸没有普通气缸的刚性活塞杆，它利用活塞直接或间接实现往复运动。这种气缸最大优点是节省了安装空间，特别适用于小缸径、长行程的场合。无活塞杆气缸主要有机械接触式气缸、磁性耦合气缸、绳索气缸和钢带气缸。前两种无杆气缸在气动自动化系统、气动机器人中获得了大量应用。

如图 10-13 所示为磁性无杆气缸，它的工作原理及特点是，在活塞上安装一组高强磁性的永久磁环，磁力线通过薄壁缸筒与套在外面的另一组磁环作用，由于两组磁环磁性相反，因此具有很强的吸力。当活塞在缸筒内被气压推动时，则在磁力作用下，带动缸筒外的磁环套一起移动。气缸活塞的推力必须与磁环的吸力相适应。

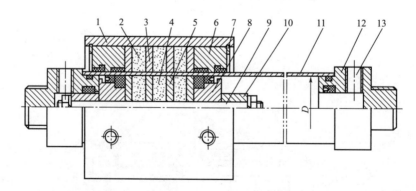

图 10-13　磁性无杆气缸

1—套筒；2—外磁环；3—外磁导板；4—内磁环；5—内磁导板；6—压盖；7—卡环；8—活塞；9—活塞轴；10—缓冲柱塞；11—气缸筒；12—端盖；13—进、排气口

② 气-液阻尼缸。普通气缸工作时，由于气体的压缩性，当外部载荷变化较大时，会产生"爬行"或"自走"现象，使气缸的工作不稳定。为了使气缸运动平稳，普遍采用气-液阻尼缸。

气-液阻尼缸是由气缸和液压缸组合而成。它的工作原理见图10-14。它是以压缩空气为能源，并利用油液的不可压缩性和控制油液排量来获得活塞的平稳运动和调节活塞的运动速度。

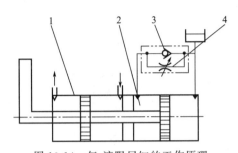

图10-14　气-液阻尼缸的工作原理
1—气缸；2—液压缸；3—单向阀；4—节流阀

③ 膜片式气缸。结构原理：压缩空气推动非金属膜片和活塞杆做往复运动。如图10-15所示，当气口2通入有压气体时，膜片3克服弹簧力和负载向右运动，当压力气体排空后在复位弹簧的作用下，膜片左移。

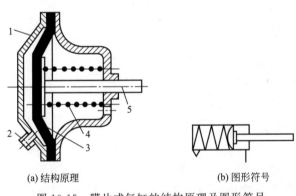

(a) 结构原理　　　　　　　(b) 图形符号

图10-15　膜片式气缸的结构原理及图形符号
1—缸体；2—气口；3—膜片；4—弹簧；5—活塞杆

特点：结构简单、紧凑、制造容易、维修方便、寿命长。

适用于气动夹具等短行程的场合。

④ 冲击气缸。冲击气缸是将压缩空气的能量转化为活塞高速运动能量的气缸。与普通气缸相比，冲击气缸的结构特点是增加了一个具有一定容积的蓄能腔及喷嘴。它的工作原理如图10-16所示。

冲击气缸的整个工作过程可简单地分为三个阶段。第一阶段，见图10-16(a)，压缩空气由孔A输入冲击缸的下腔，蓄能腔经孔B排气，活塞上升并用密封垫封住喷嘴，中盖和活塞间的环形空间经排气孔与大气相通。第二阶段，见图10-16(b)，压缩空气改由孔B进气，输入蓄能腔中，冲击缸下腔经孔A排气。由于活塞上端气压作用在面积较小的喷嘴上，而活塞下端受力面积较大，一般设计成喷嘴面积的9倍，缸下腔的压力虽因排气而下降，但此时活塞下端向上的作用力仍然大于活塞上端向下的作用力。第三阶段，见图10-16(c)，蓄能腔的压力继续增大，冲击缸下腔的压力继续降低，当蓄能腔内压力高于活塞下腔压力9倍时，活塞开始向下移动，活塞一旦离开喷嘴，蓄能腔内的高压气体便迅速充入活塞与中间盖间的空间，使活塞上端受力面积突然增加9倍，于是活塞将以极大的加速度向下运动，气体的压力能转换成活塞的动能。在冲程达到一定时，获得最大冲击速度和能量，利用这个能量对工件进行冲击做功，产生很大的冲击力。

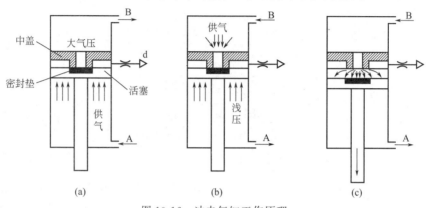

图 10-16　冲击气缸工作原理

冲击气缸的用途广泛，可用于锻造、冲压、铆接、下料、压配、破碎等多种作业。

10.2.2　气马达

气马达是将压缩空气的压力能转换成回转机械能的转换装置。气马达有如下特点。

① 工作安全。适用于易燃、高温、振动、潮湿、粉尘等恶劣的工作环境，在不利条件下也能正常工作。

② 有过载保护作用。过载时气马达只会降低速度或停车，不会因过载而发生烧毁。

③ 能够实现正反转。气马达回转部分惯性矩小且空气本身的惯性也小，所以能快速启动和停止。只要改变进、排气方向，就能实现输出轴的正转和反转。

气马达按结构形式分为叶片式、齿轮式和活塞式三类，这里以前两类为例介绍。

(1) 叶片式气马达

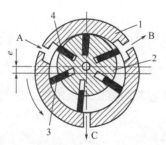

图 10-17　叶片式气马达结构原理
1—定子；2—转子；3,4—叶片；e—偏心距；
A—顺时针旋转进气口；B—逆时针旋转进气口；C—排气口

如图10-17所示为叶片式气马达结构原理，其主要由定子、转子、叶片及壳体构成。在定子上有进、排气用的配气槽孔。转子上铣有长槽，槽内装有叶片。定子两端有密封盖。转子与定子偏心安装。这样，沿径向滑动的叶片与壳体内腔构成气马达的工作腔。

叶片式气马达的工作原理是，压缩空气从输入口进入，作用在工作腔两侧的叶片上。由于转子偏心安装，气压作用在两侧叶片上产生转矩，使转子按逆时针方向旋转。当偏心转子转动时，工作腔容积发生变化，在相邻工作腔间产生压力差，利用该压力差推动转子转动。做功后的气体从输出口排出,若改变压缩空气输入方向,即可改变转子的转向。

(2) 齿轮式气马达

齿轮式气马达有双齿轮式和多齿轮式,而以双齿轮式应用得最多。齿轮可采用直齿、斜齿和人字齿。如图10-18所示为齿轮式气马达结构原理。这种气马达的工作室由一对齿轮构成,压缩空气由对称中心处输入,齿轮在压力的作用下回转。采用直齿轮的气马达可以正反转动,采用人字齿轮或斜齿轮的气马达则不能反转。

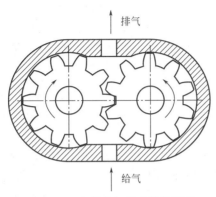

图10-18 齿轮式气马达结构原理

齿轮式气马达与其他类型的气马达相比,具有体积小、重量轻、结构简单、对气源质量要求低、耐冲击及惯性小等优点。但转矩脉动较大,效率较低。

10.2.3 摆动气马达

摆动气马达是一种在小于360°角度范围内做往复摆动的气动执行元件。它将压缩空气的压力能转换成机械能,输出力矩使机构实现往复摆动。常用的摆动气马达的最大摆动角度分别为90°、180°、270°三种规格。

摆动气马达按结构特点可分为叶片式、齿轮齿条式、螺杆式和曲柄式等。

如图10-19所示为齿轮齿条式摆动气马达结构原理,其动作是把连接在活塞上的齿条的往复直线运动转变为齿轮的回转摆动。当马达左腔进气时,右腔排气,活塞推动齿条向左运动,齿轮和轴做顺时针方向回转运动,输出转矩;反之,齿轮做逆时针方向回转。其回转角度取决于活塞的行程和齿轮的节圆半径。

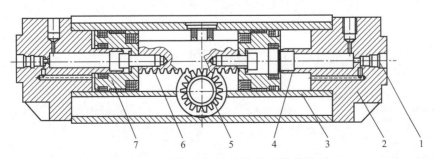

图10-19 齿轮齿条式摆动气马达结构原理
1—缓冲节流阀;2—端盖;3—缸体;4—缓冲柱塞;5—齿轮;6—齿条;7—活塞

10.3 气动控制元件

气动控制元件是指在气动系统中控制气流的压力、流量和流动方向,保证气动执行元件或机构按规定程序正常工作的各类气动元件。按其实现的功能主要可以分为以下几类:方向控制阀、压力控制阀、流量控制阀和逻辑控制阀。

方向控制阀:改变工作气体的流动方向和控制气流通断。

压力控制阀:控制和调节工作气体压力。

流量控制阀:控制和调节工作气体流量。

逻辑控制阀:实现一定逻辑功能。已逐步被可编程控制器 PLC 所取代。

10.3.1 方向控制阀

方向控制阀是主要用于改变气体的流动方向或改变气体的通断状态的控制元件。

(1) 单向阀

普通单向阀只允许气流在一个方向上通过,而在相反方向上则完全关闭,如图 10-20 所示。图示位置为阀芯在弹簧力作用下关闭。在 P 口加入气压后,作用在阀芯上的气压力克服弹簧力和摩擦力将阀芯打开,P、A 接通。若在 A 口加入气压,则 A、P 不通。

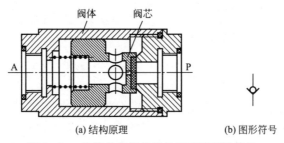

图 10-20 普通单向阀的结构原理及图形符号

(2) 梭阀

如图 10-21 所示,梭阀有两个入口 P_1、P_2 和一个出口 A,作用相当于或门逻辑功能,无论是 P_1 口或 P_2 口进气,A 口总是有输出的。

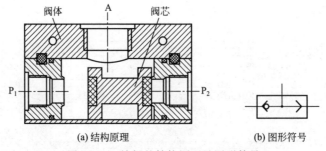

图 10-21 梭阀的结构原理及图形符号

(3) 双压阀

双压阀的作用相当于与门逻辑功能。如图 10-22 所示为双压阀的结构原理与图形符号，有两个输入口 P_1 和 P_2，一个输出口 A。只有 P_1、P_2 口同时有输入时，A 口才有输出。

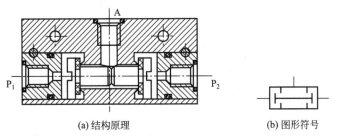

图 10-22　双压阀的结构原理与图形符号

（4）快速排气阀

如图 10-23 所示为快速排气阀的结构原理。当 P 口进气后，阀芯关闭排气口 O，P、A 通路导通，A 口有输出。当 P 口无气时，输出管路中的空气使阀芯将 P 口封住，A、O 接通，排向大气。

快速排气阀用于使气动元件和装置需要快速排气的场合。

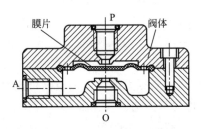

图 10-23　快速排气阀的结构原理

（5）换向阀

改变气流流动方向的控制阀称为换向型控制阀，简称换向阀。换向阀按切换通口数目分类，常用的有二通阀、三通阀、四通阀和五通阀等；按控制方式分，常用的有气压控制、电磁控制、人力控制和机械控制四类。

① 气压控制。用气压力来操纵阀切换的控制方式，这种阀称为气压控制换向阀，简称气控阀（图 10-24）。在易燃、易爆、潮湿、粉尘的工作环境中能安全可靠工作。

② 电磁控制。利用电磁线圈通电时，静铁芯对动铁芯产生电磁吸力使阀切换以改变气流方向的阀，称为电磁控制方向阀，简称电磁阀（图 10-25）。这种阀易于实现电、气联合控制，能实现远距离操作，故得到广泛应用。

图 10-24　气控阀　　　　图 10-25　电磁阀

③ 人力控制。依靠人力使阀切换的换向阀，称为人力控制换向阀，简称人控阀（图 10-26）。它可分为手动式和脚踏式两大类。

图 10-26　人控阀

④ 机械控制。利用凸轮、撞块或其他机械外力使阀换向的阀称为机械控制换向阀，简称机控阀。这种阀常用作信号阀使用。

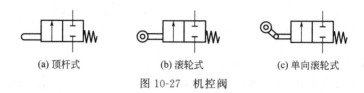

图 10-27　机控阀

10.3.2　压力控制阀

压力控制阀在气动系统中主要起调节、降低或稳定气源压力、控制执行元件的动作顺序、保证系统的工作安全等作用。

常用的压力控制阀主要有减压阀（调压阀）、安全阀（溢流阀）、顺序阀等。

(1) 减压阀（调压阀）

在一个气动系统中，来自同一个压力源的压缩空气可能要去控制不同的执行元件（气缸或马达等），不同的执行元件对于压力的需求是不一样的。因此在各个气动支路的压力也是不同的。这就需要使用一种控制元件为每一个支路提供不同的稳定的压力，这种元件就是减压阀。减压阀是将较高的输入压力调到规定的输出压力并能保持稳定的压力控制阀。

如图 10-28 所示是直动式减压阀的结构原理及图形符号。当顺时针旋转调节手柄 1 时，调压弹簧 2 被压缩，推动膜片 4 和阀芯 5 下移，使阀口 7 打开，气流通过阀口后压力降低，在输出口有二次气压 p_2 输出。同时，输出气压经阻尼孔作用在膜片上产生向上的

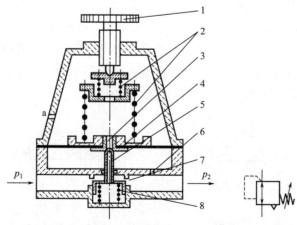

图 10-28　直动式减压阀的结构原理及图形符号

1—手柄；2—调压弹簧；3—溢流口；4—膜片；5—阀芯；6—阻尼孔；7—阀口；8—复位弹簧

推力，该推力与调压弹簧作用力相平衡时，调压阀便有稳定的压力输出。

若输入压力发生波动，例如压力 p_1 瞬时升高，则输出压力 p_2 也升高，作用在膜片上的推力增大，则膜片离开平衡位置而向上变形，阀芯 5 在复位弹簧 8 的作用下上移，阀口 7 关小，气流经过阀口后的压降增大，使得 p_2 回到调定值；反之，若输入压力瞬时下降，则输出压力下降，膜片下移，阀口开度增大，降压作用减弱，使输出压力回升到调定值，以维持压力恒定。如输入压力不变，输出流量变化，使输出压力发生波动（增高或降低）时，依靠溢流口的溢流作用和膜片上力的平衡作用推动阀杆，仍能起稳压作用。

逆时针旋转手柄时，压缩弹簧力不断减小，膜片气室中的压缩空气经溢流口不断从排气孔 a 排出，阀口 7 逐渐关闭，直至最后输出压力降为零。

(2) 安全阀（溢流阀）

安全阀是为了防止元件和管路等的破坏，而限制回路中最高压力的阀。超过最高压力就自动放气。溢流阀是在回路中的压力达到阀的规定值时，使部分气体从排气侧放出，以保持回路内的压力在规定值的阀。溢流阀和安全阀的作用不同，但结构原理基本相同。

如图 10-29 所示为溢流阀的结构原理及图形符号。阀的输入口与控制系统（或装置）连接。当系统中的气体压力为零时，作用在阀芯上的弹簧力使它紧压在阀座上。随着系统中的气压增加，即在阀芯下面产生一个气压作用力，若此力小于弹簧力时两者作用力之差形成阀芯和阀座之间的密封力。当系统中压力上升到某一值时，阀的密封力变为零。若压力继续上升到阀的开启压力时，阀芯开始打开，压缩空气从排气口急速喷出。阀开启后，若系统中的压力继续上升到阀的全开压力时，则阀芯全部开启，从排气口排出额定的流量。此后，系统中的压力逐渐降低，当低于系统工作压力的调定值（即阀的关闭压力）时阀门关闭，并保持密封。

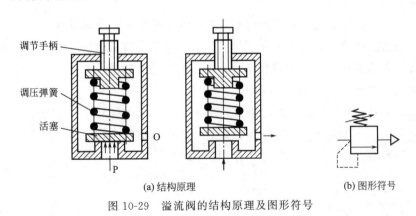

图 10-29 溢流阀的结构原理及图形符号

(3) 顺序阀

顺序阀也称为压力联锁阀，是依靠回路中压力的变化来控制顺序动作的一种压力控制阀。顺序阀是当进口压力或先导压力达到设定值时，便允许压缩空气从进口侧向出口侧流动的阀。使用它，可依据气压的大小，来控制气动回路中各元件动作的先后顺序。顺序阀常与单向阀并联，构成单向压力顺序阀。

顺序阀的工作原理比较简单，图 10-30(a) 所示为压缩空气从 P 口进入阀后，作用在阀芯下面的环形活塞面积上，当此作用力低于调压弹簧的作用力时，阀关闭。图 10-30

(b)所示为当空气压力超过调定的压力值即将阀芯顶起，气压立即作用于阀芯的全面积上，使阀达到全开状态，压缩空气便从 A 口输出。当 P 口的压力低于调定压力时，阀再次关闭。图 10-30(c) 所示为顺序阀的图形符号。

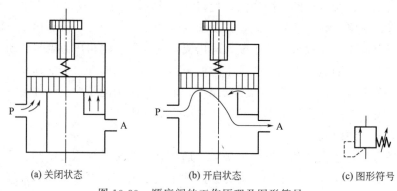

图 10-30 顺序阀的工作原理及图形符号

10.3.3 流量控制阀

流量控制阀是通过改变阀的通流面积来实现流量控制的元件，包括节流阀、单向节流阀、排气节流阀和柔性节流阀等。由于节流阀和单向节流阀的工作原理与液压阀中同类型阀相似，在此不再重复。

(1) 排气节流阀

排气节流阀安装在系统的排气口处，限制气流的流量，同时还具有减小排气噪声的作用，所以常称排气消声节流阀。

如图 10-31 所示为排气节流阀的结构原理和图形符号。转动调节手轮可使阀芯上下移动，阀口的通流面积改变，进而控制了排出气体的流量。节流口的排气经过由消声材料制成的消声套，在节流的同时减少排气噪声，排出的气体一般通入大气。

(2) 柔性节流阀

如图 10-32 所示为柔性节流阀的结构原理，依靠阀杆夹紧柔韧的橡胶管而产生节流作用，也可以用气体压力来代替阀杆压缩橡胶管。柔性节流阀结构简单，压力降小，动作可靠，对污染不敏感。通常最大工作压力范围为 0.03~0.3MPa。

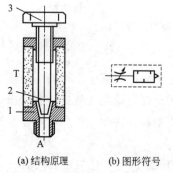

图 10-31 排气节流阀的结构原理及图形符号
1—阀体；2—阀芯；3—调节手轮

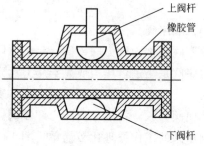

图 10-32 柔性节流阀的结构原理

10.4 气动基本回路

气动系统也是由一些基本的控制回路组成的。根据控制目的和控制功能的要求不同，在长期实践的基础上，人们用各种气动元件组成了很多气动的基本回路，这些回路用于实现各种不同的控制功能。按其实现控制功能的不同，气动基本回路分为方向控制回路、速度控制回路、压力控制回路、多缸动作回路等。

10.4.1 方向控制回路

（1）换向回路

通过改变进气方向来改变执行元件方向的回路称为换向回路。根据执行元件的作用方式不同，换向回路可分为单作用换向回路（图 10-33）和双作用换向控制回路（图 10-34）。单作用换向回路的回程由弹簧力或其他形式的外力来驱动。双作用换向回路，气缸的伸缩都由压缩空气来进行驱动。

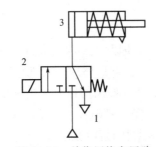

图 10-33 单作用换向回路
1—气源；2—电磁换向阀；3—单作用气缸

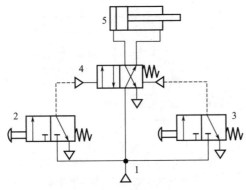

图 10-34 双作用换向回路（气控阀）
1—气源；2,3—手动换向阀；4—气控换向阀；5—双作用气缸

（2）往复运动回路

如图 10-35 所示为一次往复回路，按下手动换向阀 2，有压气体经手动换向阀 2 作用于气控换向阀 3 左侧，气控阀换向，有压气体经气控换向阀 3 进入气缸 5 的无杆腔，活塞杆伸出，当活塞杆伸出位置到达行程阀 4 时，行程阀 4 被触发，气源 1 经行程阀 4 作用于

气控换向阀 3 右侧,气控换向阀 3 换向,气源 1 经气控换向阀 3 进入气缸 5 的有杆腔,活塞杆缩回。完成一次往复运动。其中,气控换向阀 3 具有自保持功能。按下气控换向阀 3 换向后要松开手动换向阀 2,使其自动复位。

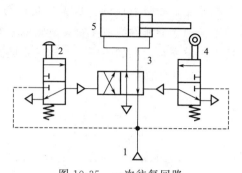

图 10-35　一次往复回路
1—气源；2—手动换向阀；3—气控换向阀；4—行程阀；5—气缸

10.4.2　速度控制回路

(1) 调速回路

因为气动系统的使用功率不大,因此气动执行元件的速度调节常采用节流调速的方式来实现。图 10-36 和图 10-37 所示的控制回路用于实现单作用气缸的双向调速和双作用气缸的双向调速。图 10-36 所示的活塞杆伸出的速度取决于单向节流阀 3 的开度,活塞杆收回的速度取决于单向节流阀 4 的开度。图 10-37 所示的速度调节回路中,活塞杆伸出的速度取决于单向节流阀 4 的开度,活塞杆收回的速度取决于单向节流阀 3 的开度。

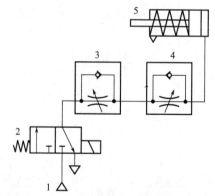

图 10-36　单作用气缸双向调速回路
1—气源；2—电磁换向阀；3,4—单向节流阀；5—气缸

(2) 差动快速回路

与液压的差动回路相似,气压的差动回路也可以在气缸结构尺寸和形式已定、不增大气源的供气量的情况下实现气缸的快速运动。如图 10-38 所示为差动快速回路。当电磁换向阀 2 未得电时,气源 1 通过电磁换向阀 2 直通气缸的无杆腔,有杆腔排出的气体也通过电磁换向阀 2 进入气缸的无杆腔,从而实现了差动快速回路。

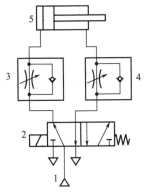

图 10-37　双作用气缸双向调速回路

1—气源；2—电磁换向阀；3,4—单向节流阀；5—气缸

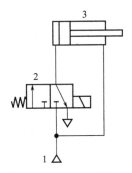

图 10-38　差动快速回路

1—气源；2—电磁换向阀；3—气缸

(3) 速度换接回路

速度换接回路的主要功能是把执行元件从一种速度转换为另一种速度。如图 10-39 所示，气缸活塞杆刚伸出时，行程阀 4 处于接通的状态，气缸 5 有杆腔排出的气体经行程阀 4、气控换向阀 2 排空。活塞杆以较快的速度运动。当活塞杆的挡铁压下行程阀时，行程阀断开，有杆腔排除的气体经单向节流阀 3、气控换向阀 2 排空。活塞杆以较慢的速度运动。行程阀的接通和断开实现了活塞杆运动速度的快慢换接。

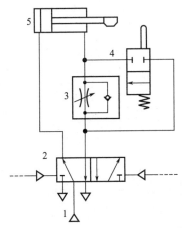

图 10-39　使用行程阀的快慢速换接回路

1—气源；2—气控换向阀；3—单向节流阀；4—行程阀；5—气缸

10.4.3　压力控制回路

对气动系统压力进行调节和控制的回路称为压力控制回路。

(1) 一次压力控制回路

一次压力控制回路又称为气源压力控制回路。如图 10-40 所示，本回路主要用于控制储气罐 3 内的压力。储气罐 3 开有两个控制口，一个控制口接压力继电器 4（压力开关），用于控制空压机 1 的启停；另一个控制口接安全阀 2，主要用于限定储气罐的最高压力。

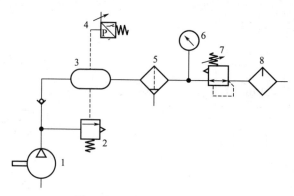

图 10-40　一次压力控制回路

1—空压机；2—安全阀；3—储气罐；4—压力开关；5—分水过滤器；6—压力表；7—减压阀；8—油雾器

(2) 设备压力控制回路（二次压力控制回路）

设备压力控制回路主要是通过不同的调压回路控制压力输出以满足不同设备对压力的需求。如图 10-41 所示是高低压输出控制回路，高压压力的大小取决于减压阀 3，低压压力的大小取决于减压阀 4。如图 10-42 所示是双压力控制回路。主要应用于气缸伸出与缩回时控制压力不同的情况。活塞杆伸出系统的压力取决于气源 1 的压力。气缸缩回时，气缸的工作压力取决于减压阀 3 所调定的压力。

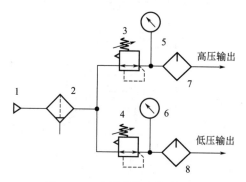

图 10-41　高低压输出控制回路

1—气源；2—分水过滤器；3—减压阀（高压）；4—减压阀（低压）；5,6—压力表；7,8—油雾器

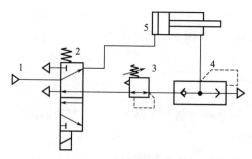

图 10-42　双压力控制回路

1—气源；2—电磁换向阀；3—减压阀；4—快速排气阀；5—气缸

(3) 过载保护回路

如图 10-43 所示为过载保护回路，按下手动控制阀 1，气控换向阀 2 换向，有压气体经换向阀 2 进入气缸 5 的无杆腔，活塞杆伸出，当活塞杆触发行程阀 6 时，控制气源经行程阀 6 排空，气控换向阀因失去压力而换向，气缸活塞杆缩回，完成一个工作循环。如果活塞杆伸出时所受的负载很大时，气缸无杆腔的压力升高，当压力大于顺序阀 4 的控制压力时，有压气体经顺序阀 4 作用于气控换向阀 3 使来自手动控制阀的控制气体经气控换向阀 3 排空，保证了气缸无杆腔的气体压力不高于顺序阀 4 所调定的压力，从而实现了系统的保护。

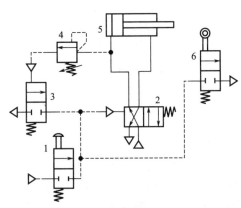

图 10-43 过载保护回路

1—手动控制阀；2,3—气控换向阀；4—顺序阀；5—气缸；6—行程阀

10.4.4 多缸动作回路

(1) 多缸顺序动作回路

如图 10-44 所示为多缸顺序动作回路。换向阀 5 电磁铁通电，使其左位接入，压缩空气先进入单作用气缸 1，待单作用气缸 1 向右运动到终点后，打开顺序阀 4，压缩空气才开始进入单作用气缸 2 使其动作。换向阀 5 换向切断气源，在弹簧力作用下气缸返程，单作用气缸 1 左腔气体通过换向阀 5 排气，单作用气缸 2 返回的气体经单向阀 3 和换向阀 5 排空。

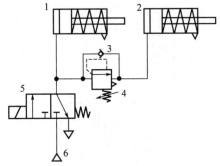

图 10-44 多缸顺序动作回路

1,2—单作用气缸；3—单向阀；4—顺序阀；5—换向阀；6—气源

(2) 利用节流阀的同步控制回路

如图 10-45 所示为利用节流阀的同步控制回路。由单向节流阀 4、6 控制气缸 1、2 同

步上升，由单向节流阀 3、5 控制气缸 1、2 同步下降。

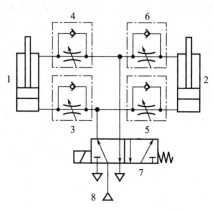

图 10-45　利用节流阀的同步控制回路
1,2—气缸；3~6—单向节流阀；7—换向阀；8—气源

(3) 气液联动同步控制回路

气液联动回路是以气压为动力，利用气液转换器把气压传动变为液压传动，或采用气液阻尼缸来获得更为平稳和更为有效的控制运动速度的气压传动，或使用气液增压器来使传动力增大。气液联动回路装置简单，经济可靠，常用在汽车主动悬架系统中，利用气液联动回路的阻尼作用对车辆行驶中受到的振动进行减振处理，提高车辆乘坐舒适性和安全通过性。

如图 10-46 所示为气液联动同步控制回路，气液缸 5 有杆腔充入气体，无杆腔充入液体，气液缸 6 有杆腔充入液体，无杆腔充入气体。活塞杆伸出时，气液缸 6 排出的液体等于气液缸 6 充入的液体；活塞杆缩回时，气液缸 5 排出的液体等于气液缸 6 充入的液体。气液缸 5 无杆腔的截面面积与气液缸 6 有杆腔环形截面面积相同。这保证了气液缸 6 伸出和缩回的高度与气液缸 5 伸出和缩回的高度相同，从而实现双缸同步。双缸伸出的速度由单向节流阀 3 来调节，双缸缩回的速度由单向节流阀 4 来调节。

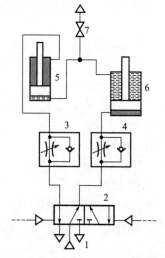

图 10-46　气液联动同步控制回路
1—气源；2—气控换向阀；3,4—单向节流阀；5,6—气液缸；7—放气阀

10.5 汽车气压传动的应用

轿车采用气压传动系统有越来越少的趋势，但在中、大型汽车和货运汽车上仍多数采用气压传动系统。例如，汽车气压制动防抱死系统、汽车悬架系统、公共汽车车门开闭系统等。

10.5.1 公共汽车车门气动安全操纵系统

如图 10-47 所示为公共汽车车门安全操纵系统。该系统能控制公共汽车车门开、关，且当车门关闭过程中遇到障碍时，能使车门再自动开启，起到安全保护作用。

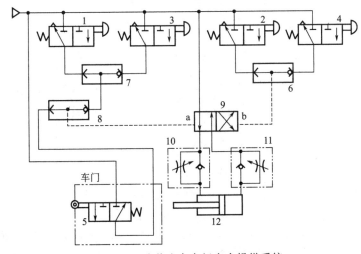

图 10-47 公共汽车车门安全操纵系统
1~4—按钮换向阀；5—机动换向阀；6~8—梭阀；9—气控换向阀；10,11—单向节流阀；12—气缸

气缸 12 中活塞的往复直线运动实现门的开、关，气缸用气控换向阀 9 来控制，而气控换向阀又由 1~4 四个按钮换向阀操纵，气缸运动速度的快慢由单向节流阀 10 或 11 来调节。通过操纵阀 1 或 3 使车门开启，操纵阀 2 或 4 使车门关闭，起安全保护作用的机动换向阀 5 安装在车门上。

需要开门时，操纵阀 1 或 3，压缩空气便经阀 1 或 3 到梭阀 7 和 8，把气压控制信号送到阀 9 的 a 侧。压缩空气便经阀 9 左位和阀 10 中的单向阀到气缸有杆腔，推动活塞使车门开启。

需要关门时，操纵阀 2 或 4，压缩空气则经阀 2 或 4 到梭阀 7 和 8，把气压控制信号送到阀 9 的 b 侧，压缩空气则经阀 9 右位和阀 11 中的单向阀到气缸的无杆腔，使车门关闭。在关门过程中若遇到障碍物，便推动机动换向阀 5，使压缩空气经阀 5 把控制信号经阀 8 送到阀 9 的 a 端，使车门重新开启。但是，若阀 2 或阀 4 仍然保持按下状态，则阀 5 起不到自动开启车门的安全作用。

10.5.2 汽车气压制动系统

如图 10-48 所示为汽车气压制动系统。由发动机驱动空气压缩机 19 将压缩空气经单向阀 18 首先输入湿储气罐中，进行冷却、油水分离，然后输入前、后制动储气罐 7 和 5 中，高压气体过制动阀 10 及快放阀 11 进入制动缸 6、9 和 12、14，分别对前、后轮进行制动，这样保证在一个回路发生故障时，另一个回路仍具有一定的制动力，从而提高汽车的安全性。湿储气罐有压力开关，当罐内压力达到 0.7~0.74MPa 时，安全阀 1 开启，空气压缩机卸荷。不制动时，前、后制动缸分别经制动阀和快放阀与大气相通。其工作过程如下。

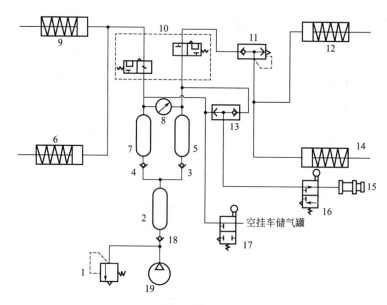

图 10-48 汽车气压制动系统

1—安全阀；2—湿储气罐；3,4,18—单向阀；5—后制动储气罐；6,9—前制动轮缸；7—前制动储气罐；
8—气压表；10—制动阀；11—快放阀；12,14—后制动轮缸；13—或门型梭阀；15—挂车分离开关；
16—挂车制动阀；17—挂车储气阀；19—空气压缩机

（1）前轮制动

空气压缩机 19→单向阀 18→湿储气罐 2→单向阀 3→前制动储气罐 7→制动阀 10 中的手动阀右位→前制动轮缸 6 和 9。

（2）后轮制动

空气压缩机 19→单向阀 18→湿储气罐 2→单向阀 3→后制动储气罐 5→制动阀 10 中的气动阀左位→快放阀 11→后制动轮缸 12 和 14。

（3）挂车制动

空气压缩机 19→单向阀 18→湿储气罐 2→单向阀 3 和 4→前制动储气罐 7 和后制动气罐 5→或门型梭阀 13→挂车制动阀 16→挂车制动轮缸。

（4）挂车充气

空气压缩机 19→单向阀 18→湿储气罐 2→单向阀 4→前制动储气罐 7→充气开关 17。

10.5.3 汽车气压制动防抱死系统

汽车在行驶过程中，经常要用制动的方式来降低车速。或在很短的距离内停车，但过度的制动会使车轮抱死。如果前轮先抱死，汽车将失去转向能力，如果后轮先抱死，汽车有可能出现侧滑甚至掉头的危险。为了防止制动时车轮被抱死后在路面上进行滑移，提高汽车在制动过程中的转向操纵能力和方向稳定性，缩短制动距离，常采用汽车防滑控制系统，称为制动防抱死系统。

汽车四轮后驱动气压制动系统，一般采用四个传感器、四个通道、四轮独立控制，如图 10-49 所示。汽车每个车轮配一个轮速传感器和一个制动压力调节器，前轮制动压力调节阀串联在快放阀与前轮制动气室之间，后轮制动压力调节阀串联在继动阀与后轮制动气室之间，制动压力调节阀根据 ABS 电脑的指令使压缩空气充入制动气室、排出制动气室或封闭制动气室，从而实现制动压力的"增压""减压"和"保持"等。

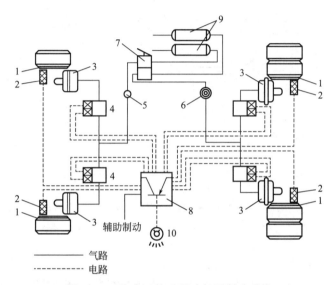

图 10-49　汽车四轮后驱动气压制动系统
1—齿圈；2—轮速传感器；3—制动气室；4—制动压力调节器；5—快放阀；6—继动阀；
7—制动总阀；8—ABS 电脑；9—储气筒；10—警报灯

10.5.4　汽车主动空气动力悬架系统

汽车主动空气动力悬架系统能够根据汽车本身的负载情况、行驶状态和路面情况，主动调节包括悬架系统的阻尼力、汽车车身高度和行驶姿态等。如图 10-50 所示为封闭式空气悬架系统。当要降低车身高度时，需要将空气弹簧中的空气量减少，系统将空气弹簧中的空气排向储气筒的低压腔内而不排入大气，因此，该系统又称封闭式悬架系统。封闭式空气悬架系统的工作过程如下。

(1) 气压建立

发动机启动后，当处于充电状态时，直流电动机将带动空气压缩机工作。空气经过滤后，从进气阀进入气缸，被压缩后的空气由排气阀流向空气干燥器，经干燥后空气进入储气筒。储气筒上有空气压力调节装置，气压达到规定值时，空气压缩机将进气阀打开，使空气压缩机空转，防止消耗发动机功率。储气筒的气压一般保持 750～1000kPa。

(2) 车身高度升高

当电脑发出提高车身高度的指令时，流量控制电磁阀和前后悬架控制电磁阀的进气阀打开，储气筒的空气进入空气弹簧使其气压提高，车身高度上升至规定高度时，各电磁阀关闭。

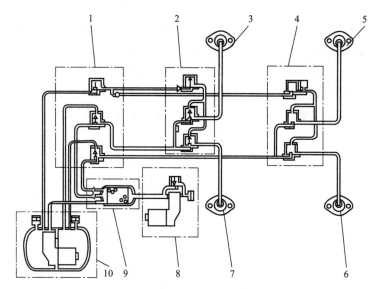

图 10-50　封闭式空气悬架系统

1—流量控制电磁阀；2—前悬架控制用电磁阀；3—右前带减振器空气弹簧；4—后悬架控制用电磁阀；5—右后带减振器空气弹簧；6—左后带减振器空气弹簧；7—左前带减振器空气弹簧；8—空气压缩机；9—空气干燥器；10—储气筒

(3) 车身高度的降低

当电脑发出降低车身高度的指令时，流量控制电磁阀和前后悬架控制电磁阀的排气阀打开，空气弹簧中的空气经这些阀门流向储气筒的低压腔。当车身降低至预定调节高度时，各电磁阀关闭。

(4) 空气的内部循环

在封闭式空气悬架系统中，从空气弹簧排出的空气并不排入大气中，而是排入储气筒的低压腔。因此，当储气筒中需要补充气压时，低压腔中压力较高的空气又经空气压缩机进气阀进入气缸，被压缩和干燥后，进入储气筒的高压腔。这样，有助于提高充气效率，减少能量消耗，防止过多的水分进入系统污染元器件。

该系统的各个空气弹簧为并联独立式布置，各空气弹簧可以单独进行充排气操作，互不干扰空气的流动。各控制电磁阀均由电脑进行控制。空气弹簧有三种工作状态，即低、正常和高。一般的行驶状态下，车身高度保持正常，车速超过 120km/h 时，车身高度为低，车速在 100km/h 以下时，车身高度为正常，在坏路上行驶时，车身高度为高，其他的车身高度由汽车的行驶状态来决定。

如图 10-51 所示为空气弹簧悬架结构。当弹簧上的载荷增加时，容积内的定量气体受到压缩，气压升高，则弹簧的刚度增大；反之，载荷减小时，弹簧内的气压下降，刚度减小。使悬架刚度可以在低、正常、高三种状态下变化，从而改变悬架的刚度。

悬架刚度的调节原理如图 10-52 所示。当空气阀芯的开口转到"低"位置时，主、副气室通路的大孔被打开，主气室的气体经过阀芯的中间孔、阀体侧面通道与副气室的气体相通，两气室间的流量加大，相当于参与工作的气体容积增加，悬架的刚度减弱。

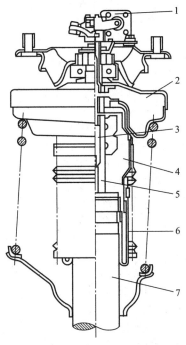

图 10-51　空气弹簧悬架结构

1—执行器；2—副气室；3—减振器阻尼调节杆；4—主气室；5—减振器活塞杆；6—滚动膜；7—减振器

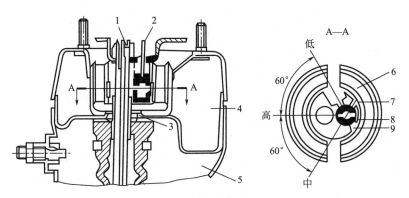

图 10-52　悬架刚度的调节原理

1—执行器；2—气阀控制杆；3—主、副室通路；4—主气室；5—副气室；6—气阀体；
7—气体通路小孔；8—阀芯；9—气体通路大孔

当阀芯开口转到"正常"位置时，气体通路的小孔被打开，主、副气室间的流量变小，悬架刚度增加。当阀体开口转到"高"位置时，主、副气室间的通路被切断，只有主气室单独承担缓冲任务，悬架刚度进一步增强。

参 考 文 献

[1] 齐晓杰.汽车液压与气压传动.北京：机械工业出版社，2017.
[2] 容一鸣.汽车液压传动.广州：华南理工大学出版社，2011.
[3] 高殿荣，王益群.液压工程师技术手册.2版.北京：化学工业出版社，2016.
[4] 左健民.液压与气压传动.北京：机械工业出版社，2016.
[5] 许福玲，陈尧明.液压与气压传动.北京：机械工业出版社，2007.
[6] 唐德修，汽车流体传动.西安：西安交通大学出版社，2008.
[7] 王积伟，章宏甲，黄谊.液压传动.北京：机械工业出版社，2006.
[8] 刘伟，张湘衡.汽车液压系统.成都：电子科技大学出版社，2013.
[9] 陈映波，陈玉刚，易成贤.汽车自动变速器构造与维修.成都：电子科技大学出版社，2017.
[10] 张春阳.液压与液力传动.北京：人民交通出版社，2003.
[11] 肖珑.液压与气压传动技术.西安：西安电子工业出版社，2007.
[12] 韩庆瑶.液压与气压传动.北京：中国电力出版社，2013.
[13] 宋锦春.液压与气压传动.3版.北京：科学出版社，2014.
[14] 曹建东，龚肖新.液压传动与气动技术.北京：北京大学出版社，2006.
[15] 徐炳辉.气动手册.上海：上海科学技术出版社，2005.
[16] 成大先.机械设计手册.6版.北京：化学工业出版社，2016.
[17] 隋文臣.液压与气压传动.重庆：重庆大学出版社，2007.
[18] 曾忆山.液压与气压传动.合肥：合肥工业大学出版社，2008.
[19] 袁广.液压与气压传动.北京：北京大学出版社，2008.
[20] 李宏.专用汽车液压与气动技术.沈阳：辽宁科学技术出版社，2014.
[21] 姜继海，胡志栋，王昕.液压传动.哈尔滨：哈尔滨工业大学出版社，2015.